CLASSIQUES LAROUSSE

Collection fondée en 1933 par FÉLIX GUIRAND

continuée par

LÉON LEJEALLE (1949 à 1968) et JEAN-POL CAPUT (1969 à 1972)

Agrégés des Lettres

PASCAL

PENSÉES

extraits

avec une Notice biographique, une Notice historique et littéraire,
des Notes explicatives, une Documentation thématique,
des Jugements, un Questionnaire et des Sujets de devoirs,

par

ROBERT BARRAULT

Agrégé des Lettres

LAROUSSE

17, rue du Montparnasse, 75298 PARIS

RÉSUMÉ CHRONOLOGIQUE
DE LA VIE DE PASCAL
(1623-1662)

1623 — **Naissance à Clermont-Ferrand** (19 juin) de **Blaise Pascal,** fils d'Etienne Pascal, président à la cour des aides de Clermont, et d'Antoinette Bégon. — Sa sœur aînée, Gilberte, est née en 1620; Jacqueline naîtra en 1625.

1624 — Il est atteint d'une étrange maladie, qui dure un an.

1626 — Mort de sa mère.

1631 — Etienne Pascal s'installe à Paris, rue de la Tissanderie, avec ses enfants. Il engage une gouvernante, Louise Delfault, et s'occupe personnellement de la formation de ses enfants, selon les meilleures méthodes de la Renaissance.

1635 — Fondation de l'académie du P. Mersenne, qui va devenir l'un des tout premiers foyers de la vie scientifique en Europe. Etienne Pascal entretien des relations très suivies avec le P. Mersenne, Roberval, Fermat, Le Pailleur, etc. Il vient dès 1635 habiter rue Brisemiche, près de l'église Saint-Merri, sans doute pour communiquer plus facilement avec ses amis (Mersenne a ouvert son académie au couvent des Minimes, place Royale). Le jeune Blaise manifeste dès cette époque une **précocité scientifique exceptionnelle,** et est admis assez rapidement à participer aux entretiens des savants.

1639-1647 — Séjour de Pascal en Normandie, où son père a été nommé « commissaire pour l'impôt et levée des tailles ».

1640 — **Première œuvre imprimée** de Blaise : un petit placard en forme d'affiche intitulé : *Essai sur les coniques.* — Sa santé est de nouveau très ébranlée.

1642 — Pascal, pour aider son père dans ses calculs, conçoit les **plans de sa machine arithmétique.** La mise au point exigera plus de deux années d'efforts.

1645 — Lettre dédicatoire de la machine arithmétique au chancelier Séguier. Pascal obtiendra pour sa machine un privilège en 1649 et la perfectionnera sans cesse jusqu'en 1652.

1646 — Etienne Pascal, qui s'est démis la cuisse en tombant sur la glace (janvier), appelle à son chevet les frères Deschamps, fervents disciples de Saint-Cyran. Toute la famille, Blaise en tête, « se convertit » à **une vie religieuse plus intense.** — Pascal et son père, avec l'intendant général Pierre Petit, **renouvellent à Rouen l'expérience de Torricelli** (août).

1647 — Polémique avec le frère Saint-Ange, Jacques Forton. — **La santé de Pascal,** compromise par ses recherches, **s'aggrave** : maux de tête, maux d'estomac, paralysie des jambes, mais une médication énergique amène une guérison partielle. Le malade doit toutefois éviter tout surmenage. Vers le milieu de l'année, il quitte Rouen pour venir à Paris, avec Jacqueline, poursuivre son traitement. — **Entrevues avec Descartes,** avec qui il est en désaccord (23-24 septembre). — *Expériences nouvelles touchant le vide* (4 octobre), où Pascal dépose ses premières conclusions. — Polémique très vive avec le R. P. Noël, recteur du collège de Clermont, ancien maître de Descartes et que Pascal traite en écolier. — Pascal écrit à son beau-frère Florin Périer (15 novembre) pour lui faire vérifier, par une expérience faite simultanément à Clermont et au puy de Dôme, l'hypothèse selon laquelle le poids de l'air équilibre celui du mercure.

1648 — Pascal est entré, avec sa sœur Jacqueline, **en relations avec Port-Royal** (M. Singlin, la mère Angélique, la mère Agnès). Il écrit (mais en latin) un *Essai sur la génération des sections coniques.* — Etienne Pascal rentre à Paris. — Blaise publie le *Récit de la grande expérience sur l'équilibre des liqueurs* (octobre), qui rend compte de l'expérience accomplie et réussie par Florin Périer le 19 septembre.

ISBN 2-03-870128-8

1649 — Pour échapper aux troubles de la Fronde, Etienne se réfugie avec ses enfants à Clermont et y reste de mai 1649 à novembre 1650.

1651 — Pascal travaille à un *Traité du vide*; lettres à M. de Ribeyre, pour défendre ses droits de priorité dans les recherches sur le vide (juillet-août). — Mort de son père (24 septembre).

1652 — Jacqueline quitte la maison sans revoir son frère et entre à Port-Royal (4 janvier). — Pascal présente sa machine arithmétique dans le salon de Mme d'Aiguillon (avril). — Lettre à Christine de Suède (juin). — Voyage et long séjour à Clermont (d'octobre 1652 à mai 1653) : Pascal entre en possession de l'héritage paternel et (d'après Fléchier) fréquente une « belle savante » (?).

1653 — Vie « mondaine ». Salon de Mme de Sablé; fréquentation du duc de Roannez, de Méré, de Mitton. Voyage en Poitou. Lecture des *Essais* de Montaigne.

1654 — Crise de « dégoût du monde ». — Pascal se rapproche de sa sœur Jacqueline. — Le **23 novembre,** entre 10 heures et demie du soir et minuit et demi : **nuit de la conversion,** dont le souvenir est conservé dans le *Mémorial.*

1655 — **Séjour à Port-Royal.** — Au printemps, séjour chez le duc de Roannez, qu'il « convertit ».

1656 — *Première **Lettre provinciale*** (2 janvier). — Les dix-sept autres ***Provinciales*** se succéderont jusqu'au 1er juin 1657. — **Miracle de la sainte épine** : sa nièce Marguerite Périer est guérie, à Port-Royal, d'une fistule lacrymale (24 mars) au contact d'une relique provenant de la couronne d'épines de Jésus. — Correspondance avec Mlle de Roannez (août-septembre).

1657 — Pascal rédige un *Factum pour les curés de Paris*, destiné à protester contre une *Apologie pour les casuistes* et à résumer la querelle des *Provinciales*. — 6 septembre : **mise à l'index des *Provinciales*.** — Il compose ses *Écrits sur la grâce* (publiés en 1779) et des *Éléments de géométrie* pour les élèves de Port-Royal.

1658 — Première *Lettre circulaire* relative à la cycloïde (juin-juillet) : défi lancé aux mathématiciens d'Europe; correspondance avec Carcavi, Huyghens, le P. Lalouère. Il écrit probablement cette année-là *l'Art de persuader* et *l'Esprit géométrique,* publiés au XVIIIe siècle. — **Conférence à Port-Royal sur le plan de son *Apologie*** (date incertaine : mai, octobre ou novembre).

1659 — Pascal est très malade et doit interrompre tout travail suivi. « Anéantissement de toutes ses forces », qui durera jusqu'en juin 1660.

1660 — Séjour à Bien-Assis, propriété de sa sœur Gilberte, en Auvergne (mai à septembre). Il y écrit la *Prière pour demander à Dieu le bon usage des maladies* et trois *Discours sur la condition des grands,* destinés au duc de Chevreuse. — Lettre à Fermat (10 août) : la géométrie « est bonne pour faire l'essai, mais non pas l'emploi de notre force ».

1661 — Affaire du Formulaire (1er février) : les religieuses de Port-Royal refusent de signer la déclaration que l'Assemblée du clergé avait imposée à tous ceux qui relevaient de son autorité. — Mort de Jacqueline (4 octobre). Pascal, en désaccord avec Arnauld, « fait retraite » de toute controverse.

1662 — Pascal obtient (janvier) des lettres patentes pour les « carrosses à cinq sols », dont la première ligne est inaugurée le 18 mars. — Il se fait transporter chez sa sœur Gilberte, sur la paroisse de Saint-Etienne-du-Mont (29 juin). — Il se confesse au curé Beurrier (4 juillet). Il rédige son testament (3 août); reçoit l'extrême-onction (17 août) et s'écrie : « Que Dieu ne m'abandonne jamais! », puis entre en agonie. **Il meurt** à 1 heure du matin, **le 19 août.**

Pascal avait dix-sept ans de moins que Corneille; dix ans de moins que La Rochefoucauld; deux ans de moins que La Fontaine; un an de moins que Molière; trois ans de plus que Mme de Sévigné; quatre ans de plus que Bossuet; treize ans de plus que Boileau; seize ans de plus que Racine; vingt-deux ans de plus que La Bruyère.

PASCAL ET SON TEMPS

	la vie et l'œuvre de Pascal	le mouvement intellectuel et artistique	les événements historiques
1623	Naissance de Blaise Pascal à Clermont-Ferrand le 19 juin.	Premiers rapports de Saint-Cyran avec Port-Royal. Vélasquez : *Portrait d'Olivarès*.	Mort du pape Grégoire XV. Alliance entre la France, la Savoie et Venise. Traité de Paris. Diète de Ratisbonne : l'électorat palatin est transféré à la Bavière.
1631	Arrive à Paris, où son père fréquente les milieux scientifiques et mondains.	Corneille : *Clitandre*, tragi-comédie; *la Veuve*, comédie. Mairet : *Silvanine*. Racan : *Sept Psaumes de la pénitence*. Guez de Balzac : *le Prince*. Théophraste Renaudot fonde *la Gazette*.	Révolte de Gaston d'Orléans. Fuite de Marie de Médicis aux Pays-Bas. Victoire en Allemagne de Gustave-Adolphe, soutenu par la France (guerre de Trente Ans).
1639	Début du séjour de Pascal à Rouen, où son père exerce les fonctions de « commissaire pour l'impôt ».	Naissance de Racine.	Révolte des « Va-nu-pieds » en Normandie. Les Hollandais détruisent la flotte espagnole.
1640	Première publication : *Essai sur les coniques*. Troubles graves de santé.	Corneille : *Horace*, tragédie. Publication de l'*Augustinus*. Mort de Rubens.	Prise d'Arras et occupation de l'Artois par les Français. Refonte générale des monnaies en France.
1642	Premiers essais de construction d'une machine à calculer.	Corneille : *Polyeucte*, tragédie. Du Ryer : *Esther*. La Calprenède : *Cassandre*, roman.	Complot et exécution de Cinq-Mars. Prise de Perpignan. Mort de Richelieu (4 décembre). Début de la révolution anglaise.
1647	Retour de Pascal à Paris pour raison de santé. Expériences nouvelles touchant le vide.	Rotrou : *Venceslas*. Vaugelas : *Remarques sur la langue française*. A. Le Nain : *Portrait dans un intérieur*.	Fuite de Charles Ier en Écosse : il est livré au Parlement par les Écossais.
1648	Sa sœur et lui entrent en relation avec Port-Royal. *Récit de la grande expérience sur l'équilibre des liqueurs*. Expérience au puy de Dôme et à la tour Saint-Jacques, à Paris.	Philippe de Champaigne : *la Mère Angélique*. Rembrandt : *les Pèlerins d'Emmaüs*. Le monastère de Port-Royal est transféré aux Champs.	La Fronde parlementaire. Arrestation de Broussel : révolte parisienne (26 août). Épuration du Parlement anglais par Cromwell. Traités de Westphalie (24 octobre).

1651	Il travaille à un *Traité du vide*. Mort de son père.	Corneille : *Nicomède*, tragédie; échec de *Pertharite*. Scarron : *le Roman comique* (1ère partie). Hobbes : *le Léviathan*. Ribera : *la Communion des Apôtres*.	La Fronde : alliance du parlement de Paris et des princes. Exil de Mazarin; ralliement de Turenne à la cause royale. Charles II, roi d'Écosse; il envahit l'Angleterre.
1652	Sa sœur, Jacqueline, entre à Port-Royal. Début de sa « période mondaine ».	Premières prédications de Bossuet à Metz.	La Fronde : batailles de Bléneau et de la porte Saint-Antoine (2 juillet). Trahison de Condé. Louis XIV reprend Paris (21 octobre).
1654	Nuit de la conversion (23 novembre). Entretien avec M. de Saci. Retraite à Port-Royal.	Vondel : *Lucifer*. Naissance du mathématicien J. Bernoulli.	Réconciliation de Mazarin et de Cromwell. Abdication de Christine de Suède.
1656	Première *Provinciale* (23 janvier). Miracle de la sainte épine (24 mars).	Molière : *le Dépit amoureux*. Racine, élève de Port-Royal. Vélasquez : *les Ménines*. Murillo : *Visions de saint Antoine*.	Traité de Könisberg et de Marienbourg entre la Suède et le Brandebourg pour le partage de la Pologne.
1657	Mise à l'Index des *Provinciales* (6 septembre). Il écrit les *Récits sur la grâce* (publiés en 1779).	Naissance de Fontenelle.	Edit interdisant à la noblesse française de s'assembler. Alliance franco-anglaise.
1658	Première *Lettre circulaire relative à la cycloïde*. Conférence à Port-Royal sur le plan de l'*Apologie*.	La Fontaine : *le Songe de Vaux*. Rembrandt : *Portrait de l'artiste*.	Révolte des Cosaques. Les Russes les battent à Konotop.
1660	*Prière pour le bon usage des maladies*. *Discours sur la condition des grands*. Louis XIV fait brûler les *Provinciales*.	Racine : *Ode à la nymphe de la Seine*. Boileau : *Première Satire*. Naissance de Daniel Defoe.	Mariage de Louis XIV et de Marie-Thérèse. L'Assemblée du clergé français impose la signature d'un Formulaire aux jansénistes. Retour de Charles II à Londres.
1662	Lettres patentes pour une entreprise de transports en commun (janvier). Mort de Pascal à Paris, le 19 août.	Corneille : *Sertorius*. Molière : *l'Ecole des femmes*. Philippe de Champaigne : *la Mère Agnès et sœur Catherine*.	Traité de Montmartre : la Lorraine cédée à la France. En Angleterre : acte d'uniformité, la « Saint-Barthélemy » des puritains.

BIBLIOGRAPHIE SOMMAIRE

I. LES ÉDITIONS LES PLUS RÉCENTES DES *PENSÉES* :

1897   Léon Brunschvicg   *Pensées et opuscules* (Paris, Hachette; « petite édition Brunschvicg », constamment rééditée).

1904   Léon Brunschvicg   Volumes consacrés aux *Pensées* dans les *Œuvres complètes* (Paris, Hachette; « grande édition Brunschvicg »).

1925   Jacques Chevalier   (texte repris dans l'édition de la Pléiade en 1936 et réédité en 1949).

1942   Zacharie Tourneur   Édition paléographique (Paris, Vrin).

1951   Louis Lafuma   Édition critique dite des manuscrits (Paris, éd. du Luxembourg).

II. ÉTUDES SUR PASCAL :

Sainte-Beuve   *Port-Royal* (Paris, Hachette, 1840-1849).

François Mauriac   *Blaise Pascal et sa sœur Jacqueline* (Paris, Hachette, 1931).

Jeanne Russier   *la Foi selon Pascal* (Paris, P. U. F., 1949, 2 vol.).

Henri Lefebvre   *Pascal* (coll. « Pensées », Paris, Nagel, 1950-1955, 2 vol.).

Antoine Adam   *Histoire de la littérature française au XVIIe siècle,* tome II : « l'Epoque de Pascal » (Paris, Domat-Del Duca, 1951).

Jean Mesnard   *Pascal, l'homme et l'œuvre* (Paris, Boivin-Hatier, 1951).

Albert Béguin   *Pascal par lui-même* (Paris, Ed. du Seuil, 1952).

Cahiers de Royaumont, « Philosophie n° 1 », *Blaise Pascal, l'homme et l'œuvre* (Paris, Editions de Minuit, 1956).

Lucien Jerphagnon   *le Caractère de Pascal* (Paris, P. U. F., 1962).

Pascal, « Textes du tricentenaire » (Paris, A. Fayard, 1963).

PENSÉES

1670

NOTICE

CE QUI SE PASSAIT ENTRE 1656 ET 1660, QUAND FUT RÉDIGÉ LE TEXTE

■ *EN POLITIQUE. En France :* Mazarin, qui a triomphé de la Fronde, termine la guerre avec l'Espagne : en 1657, il obtient l'alliance de Cromwell et, en 1658, groupe plusieurs princes allemands dans la ligue du Rhin; Turenne (14 juin 1658) remporte, avec les Anglais, la victoire des Dunes. — Paix des Pyrénées (7 novembre 1659) : l'Espagne cède à la France l'Artois et le Roussillon. En 1660, Louis XIV épouse (9 juin) sa cousine, l'infante Marie-Thérèse, à Saint-Jean-de-Luz.

En Angleterre : Olivier Cromwell refuse (1657) le titre de roi que lui offre le Parlement. Il meurt (septembre 1658), laissant le titre de protecteur à son fils Richard; mais celui-ci abdique (mai 1659). — L'Angleterre entre dans une période d'anarchie militaire qui se terminera le 29 mai 1660 par l'entrée triomphale de Charles II dans Londres.

En Allemagne : Léopold Ier, beau-frère de Louis XIV, est élu empereur (1657).

■ *EN LITTÉRATURE. 1656 :* abbé de Pure, la Précieuse ou le Mystère des ruelles. Bossuet prononce son premier Sermon sur la providence. Mlle de Scudéry continue de faire paraître sa Clélie (1654-1660). — *1657 :* d'Aubignac, la Pratique du théâtre. — *1658 :* Molière s'installe à Paris, où il joue (18 novembre 1659) les Précieuses ridicules. *1659 :* Corneille, qui s'était retiré du théâtre après l'échec de Pertharite (1651) pour se consacrer à la traduction en vers de l'Imitation de Jésus, revient à la scène : réussite de son Œdipe (1659) à l'Hôtel de Bourgogne. Discours sur l'art dramatique accompagnant l'édition de son Théâtre complet (1660). — *1660 :* Premières Satires de Boileau.

■ *DANS LES SCIENCES ET DANS LES ARTS. 1656 :* Fouquet fait construire et aménager le château de Vaux. Rembrandt, à 50 ans, peint le portrait du bourgmestre Six. — *1657 :* Huygens présente l'horloge à pendule aux états généraux de Hollande. Mort de Harvey. — *1658 :* Création de l'Académie des sciences. Publication des Œuvres complètes de Gassendi. — *1660 :* Mort de Vélasquez.

CE QUI SE PASSAIT EN 1670, QUAND FUT PUBLIÉ LE TEXTE

■ *EN POLITIQUE* : *Madame, duchesse d'Orléans, négocie à Douvres une alliance secrète contre la Hollande entre Charles II, roi d'Angleterre, son frère, et Louis XIV, son beau-frère.* — *Les États de Hollande nomment capitaine général Guillaume, prince d'Orange.* — *Mort de Madame (30 juin).*

■ *EN LITTÉRATURE* : *les Amants magnifiques, de Molière, à Saint-Germain (févr.).* — *Débuts de la Champmeslé dans Hermione d'Andromaque; Racine s'éprend d'elle.* — *Première représentation du Bourgeois gentilhomme, de Molière, à Chambord (14 octobre).* — *Bérénice, de Racine (21 novembre).* — *Tite et Bérénice, de Corneille, au Palais-Royal (28 novembre).* — *Oraison funèbre de Madame par Bossuet, prononcée à Saint-Denis (21 août).* — *Traité théologico-politique de Spinoza.*

■ *DANS LES SCIENCES ET DANS LES ARTS* : *Ruysdaël, le Cimetière juif.* — *Nocret, la Famille royale de France sous la forme de divinités mythologiques.* — *Nanteuil, Portrait de Colbert.* — *Fondation de l'hôtel des Invalides.* — *Mansart édifie la façade du château de Versailles sur les jardins.* — *Colbert se fait construire un château de Sceaux.* — *Le physicien hollandais Huygens adapte le ressort spiral aux montres.* — *Le physicien français Mariotte découvre la loi des gaz.*

GENÈSE DES « PENSÉES »

Parmi les manuscrits que Pascal laissait à sa mort figuraient des notes destinées à une *Apologie de la religion chrétienne;* c'est à ces notes que les premiers éditeurs donnèrent le titre de *Pensées*[1]. Titre admirable dans sa justesse et sa simplicité; il n'existe sans doute pas, dans la littérature française, un seul ouvrage qui ait, plus que cette ébauche, composée d'un millier de fragments plus ou moins élaborés, suscité de réflexions, provoqué de réactions admiratives ou irritées chez les esprits les plus divers; et aujourd'hui, le nombre sans cesse accru des éditions nouvelles prouve l'intérêt que tous, des érudits au grand public, des critiques universitaires aux romanciers et aux philosophes, manifestent pour les *Pensées* de Pascal.

Ce n'est point qu'il ne subsiste bon nombre d'obscurités et d'incertitudes : rançon de toute œuvre inachevée, qui laisse un champ si vaste aux hypothèses et aux interprétations. Mais les études pascaliennes ont accompli depuis un demi-siècle des progrès considérables, dus en particulier aux travaux patients et minutieux de Zacharie Tourneur, puis de Louis Lafuma. Aussi, Jean Mesnard a-t-il pu écrire que « nous nous trouvons aujourd'hui dans la situa-

---

1. *Pensées de M. Pascal sur la religion et sur quelques autres sujets.*

tion privilégiée dont jouissaient les parents et les amis de Pascal lorsqu'à sa mort ils entrèrent en possession de ses papiers[1] ».

On sait maintenant que, si l'idée de composer une apologie remonte peut-être à 1652, Pascal commença la rédaction effective de ses notes vers le début de septembre 1656, dans le moment même où il écrivait les *Provinciales,* et qu'il poursuivit son travail pendant environ trois ans. La terrible maladie, dont les premiers symptômes apparurent dans le courant de l'année 1658, et qui devait le terrasser pendant l'été 1659, provoqua chez lui un état de langueur qui dura jusqu'à sa mort, lui interdisant, sauf à de rares moments, toute activité intellectuelle soutenue. Il semble désormais impossible d'ajouter foi à l'image d'un Pascal malade, saisissant au vol sa pensée pour la jeter fébrilement sur le premier bout de papier venu. En fait, la plupart des notes qui devaient servir à son *Apologie* (au moins les trois quarts, nous dit L. Lafuma) furent rédigées dans une période de travail intense, correspondant à un état de santé relativement satisfaisant.

D'autre part, c'est en 1658 (printemps ou automne) que Pascal prononça devant ses amis une conférence, tenue vraisemblablement à Port-Royal, où, d'après le discours que Filleau de La Chaise rédigea en 1672, il exposa le plan de son *Apologie.* Sans doute est-il encore à cette époque bien loin de voir la fin de son ouvrage, puisqu'il affirme qu'il lui faudrait encore « dix ans de santé » pour le mener à bien. Mais il est permis de penser que son projet était dès lors suffisamment avancé pour qu'il pût en faire un exposé public.

Ces considérations, étayées par une étude approfondie des manuscrits, ont orienté dans une perspective nouvelle les travaux des érudits modernes. Ils sont arrivés à la conviction que Pascal avait lui-même, en vue de sa conférence, procédé à un découpage et à un classement méthodique de ses notes, et que, comme il n'avait jamais, par la suite, proposé un nouvel ordre, le meilleur moyen de rester au plus près de la pensée pascalienne était de respecter aussi scrupuleusement que possible le classement établi par l'écrivain. A ce souci de fidélité aux intentions de Pascal correspond l'édition Lafuma, qui semble bien aujourd'hui faire de plus en plus autorité. Non qu'elle résolve tous les problèmes : un rapide historique des manuscrits et des éditions successives des *Pensées* le fera comprendre; mais elle peut être considérée comme un excellent point de départ pour de nouveaux travaux.

MANUSCRITS ET COPIES

La Bibliothèque nationale dispose essentiellement de trois manuscrits, inscrits respectivement sous les numéros 9202, 9203 et 12449.

---

1. Jean Mesnard, *Pascal, l'homme et l'œuvre* (1951).

Le premier représente le recueil original; les deux autres sont des copies, à peu près identiques.

I. Le recueil original (manuscrit 9202).

Voici comment J. Steinmann[1] nous décrit le recueil original, épais volume de cinq cents grandes pages relié en peau verte : « Il a l'allure d'un registre d'étude provinciale de notaire. Quand on l'ouvre, on trouve, collées sur des feuilles de vélin solide, tantôt de grandes pages à écriture régulière, parfois criblées de ratures ou de phrases biffées, tantôt de petits bouts de papier et des languettes couvertes d'un griffonnage illisible. Presque partout une écriture impériale et inoubliable de « chatte en colère », fine, arachnéenne, ramassée et nerveuse, avec des paraphes qui rappellent ceux de Napoléon ou de Beethoven. Ailleurs, des fragments dus à la plume sage d'une mère de famille (il s'agit de Gilberte Périer, qui tint souvent près de son frère le rôle de secrétaire), quelques lignes écrites par une main d'enfant ou d'autres tracées par une paysanne ou une femme de ménage presque illettrée. »

D'où provient ce volume? Du travail entrepris en 1711 par le neveu de Pascal, qui, dans le dessein d'entreprendre une édition des *Pensées* plus complète que celle de 1670, avait, avec l'aide d'un bénédictin, dom Touttée, fait coller sur de grandes feuilles blanches les papiers de toutes dimensions laissés par Pascal. Renonçant à son projet d'édition, il déposa ces feuilles, groupées en un registre broché, à la bibliothèque de l'abbaye de Saint-Germain-des-Prés. Mais ce registre ne fut relié que vingt ans plus tard : entre-temps, des papiers s'étaient perdus, des interversions s'étaient produites. Il faillit même disparaître dans l'incendie de l'abbaye en août 1794, mais fut sauvé par dom Poirier, qui le déposa au fonds de la Bibliothèque nationale.

2. La copie 9203.

Effectuée aussitôt après la mort de Pascal d'après les papiers de celui-ci, qui traitaient de religion, cette copie comprend deux parties bien distinctes : a) un ensemble de vingt-sept chapitres, classés logiquement, suivant un ordre et une suite reproduits sur deux tables des matières; b) trente-trois ou trente-quatre séries de textes non classés. Etienne Périer, qui écrivit une Préface pour la première édition des *Pensées,* souligne que « la première chose que l'on fit fut de les faire copier [les papiers manuscrits] tels qu'ils étaient, et dans la même confusion qu'on les avait trouvés ».

Or, la confrontation de cette copie et des liasses du recueil original permet d'affirmer que les divers chapitres de cette copie correspondent exactement au travail de classement effectué par Pascal. Il écrivait sur de grandes feuilles de papier, qu'à un moment

---

1. Jean Steinmann, *Pascal* (Desclée de Brouwer, 2ᵉ édition, 1962, page 215).

donné il découpa, divisa en fiches, qu'il répartit entre des dossiers constitués. Tout laisse penser que ce travail fut accompli à l'occasion de sa conférence de Port-Royal. D'où l'intérêt exceptionnel que les éditeurs modernes attachent à l'étude de cette copie, considérée, à juste titre, semble-t-il, comme une approche plus fidèle et plus sûre que le manuscrit autographe lui-même, du travail entrepris par Pascal et de l'ordre qu'il envisageait de suivre pour son *Apologie*.

LES ÉDITIONS SUCCESSIVES DES « PENSÉES »

A. L'édition de 1669-1670.

Elle fut préparée par un comité composé des membres de la famille Périer, héritiers directs de Pascal, du duc de Roannez, ami fidèle du défunt, aidé de deux Poitevins, Filleau de La Chaise et Goibaud du Bois, et d'un troisième groupe, constitué de Messieurs de Port-Royal, entre autres Arnauld et Nicole. Les uns et les autres n'étaient pas d'accord sur la façon de concevoir cette édition : les Périer souhaitaient une reproduction objective des fragments, dans l'état où on les avait trouvés. Roannez proposait de compléter, puis d'ordonner les fragments inachevés. Arnauld et Nicole envisageaient de ne retenir que les pensées les plus claires, qu'on grouperait suivant un ordre logique.

Cette dernière solution l'emporta, malgré les protestations de Gilberte Périer. Deux raisons essentielles avaient joué : 1° une raison *religieuse;* après les persécutions qui s'étaient déchaînées contre Port-Royal entre 1661 et 1668, et qui avaient retardé l'édition des *Pensées,* celle-ci allait paraître dans un climat de conciliation et d'apaisement : certaines pensées trop audacieuses eussent risqué de rallumer les querelles; 2° une raison *littéraire* : on ne pouvait présenter à un public épris de perfection une ébauche désordonnée, de style inégal, souvent obscure. On apporta donc aux textes de Pascal de sérieux bouleversements, on pratiqua des adoucissements, des suppressions, on remania.

Telle fut l'édition dite « de Port-Royal », celle que connurent et contre laquelle réagirent la plupart des « philosophes » du XVIIIᵉ siècle, de Montesquieu à Diderot.

B. 1776-1897 : De Condorcet à Brunschvicg.

Condorcet inaugure en 1776 la série des éditions nouvelles qui, rompant avec celle de Port-Royal, répondront successivement et alternativement à deux préoccupations essentielles : *a)* souci d'objectivité plus grand à l'égard du texte même de Pascal; on se référera de plus en plus aux manuscrits et aux copies; *b)* souci d'améliorer, dans un sens ou dans l'autre, le classement et la présentation des fragments.

C'est à cette seconde perspective que se rattache l'édition de Condorcet. Utilisant les remarques de Voltaire dans ses *Lettres philosophiques* et affectant un certain mépris pour les pensées pieuses, il groupe les *Pensées* en deux sections : *a*) les pensées philosophiques; *b*) les fragments concernant la religion, suivis de quelques chapitres traitant de divers sujets.

Réimprimée en 1778, cette édition est suivie en 1779 d'une tentative du même genre de l'abbé Bossut. Les éditeurs postérieurs, pendant un demi-siècle, reprendront, à peu de chose près, le classement de Condorcet.

Arrive Victor Cousin, qui, en 1842, donne aux études pascaliennes une impulsion déterminante, en posant de façon précise le problème de la fidélité au texte de Pascal : il a « découvert » littéralement les manuscrits déposés à la Bibliothèque royale et proclame la nécessité d'une nouvelle édition des *Pensées*. En 1844, Faugère applique le programme défini par Cousin et donne une édition qui sépare les fragments étrangers à l'*Apologie* de ceux qui concernent l'*Apologie* proprement dite, lesquels sont organisés suivant le plan de la conférence de Port-Royal.

Ernest Havet, en 1852, revient au classement de Bossut, en conservant le texte de Faugère, mais il accompagne son édition d'un commentaire abondant et ingénieux.

Suivent une série d'éditions : Rocher (1873), Molinier (1877-1879), le chanoine Didiot et l'abbé Margival (1896 et 1897), qui essaient de rendre l'*Apologie* pleinement orthodoxe en la purgeant soigneusement de tout élément janséniste; l'abbé Guthlin (1896), qui tire Pascal dans le sens du fidéisme; enfin Michaut (1896), qui suit purement et simplement l'ordre du recueil original et établit la première édition objective.

Enfin, en 1897, Léon Brunschvicg profite de tous les travaux antérieurs pour éditer un ouvrage remarquable de précision et de compréhension, qui répartit en quatorze sections la matière des *Pensées*, mais, du même coup, il renonce et à retrouver l' « ordre » de Pascal, et même à distinguer les fragments qui sont destinés à l'*Apologie* de ceux qui ne le sont pas. Cette édition remporte un succès éclatant, et résume admirablement à la fois l'effort de sympathie à l'égard de la pensée pascalienne et le souci de précision dans la lecture du texte. Une tentative analogue, celle de J. Chevalier (1925), qui d'ailleurs s'inspire beaucoup des intentions de Brunschvicg, ne semble pas avoir éclipsé cette incontestable réussite.

C. **Les éditeurs modernes des « Pensées ».**

Il restait précisément à essayer de retrouver « l'ordre et la suite », qui avaient été trahis de propos délibéré par les éditeurs de Port-Royal. Il fallut attendre 1935 pour que les travaux patients et minutieux d'un humble typographe, Zacharie Tourneur, fissent prendre aux travaux sur Pascal un tournant analogue à celui qu'avait provoqué un siècle auparavant la « trouvaille » de Victor Cousin.

L'étude systématique de la copie dont nous avons parlé permit à deux érudits, Louis Lafuma et P.-L. Couchoud, de « réduire l'écart inévitable entre l'auteur et le lecteur ». Laissons à Jean Mesnard le soin de conclure : « Mais toute recherche n'en est pas pour autant terminée. Les manuscrits des *Pensées* n'ont pas encore révélé tous leurs secrets. »

Les travaux entrepris aujourd'hui doivent permettre d'aboutir un jour à une édition qui concilierait les exigences de l'érudition et les nécessités d'une présentation élégante. D'ores et déjà, il semble que le lecteur soit mieux que jamais en mesure de reconstituer le mouvement même de l'*Apologie*, tel que l'avait envisagé Pascal.

LE MOUVEMENT DE L' « APOLOGIE »

Ce mouvement apparaît clairement défini dès le premier des vingt-sept chapitres classés par Pascal, intitulé **« Ordre ».** Ce mot revient comme un constant leitmotiv sous sa plume. Besoin de classification naturel pour un esprit scientifique, mais aussi préoccupation plus profonde de fidélité aux choses et aux faits dans cette étude psychologique et sociale, historique et morale à laquelle il va se consacrer; souci de ne pas confondre les plans différents. Et quand, dans la liasse XXIII, Pascal définira cet ordre du cœur sur lequel il fonde toute son apologétique, il écrira qu'il « consiste principalement à la digression sur chaque point qui a rapport à la fin, pour la montrer toujours ». La méthode de pensée pascalienne trouve là certainement sa meilleure expression. Les *Pensées* se présentent comme une œuvre faite tout à la fois de rigueur et de souplesse, où l'auteur pousse son analyse sur chaque point, mais en allant dans un sens déterminé : art concentré, mouvement essentiellement dramatique.

Ce mouvement est bien précisé dans ce premier chapitre. Il se divise en deux temps :

1ʳᵉ *partie* **Misère de l'homme sans Dieu.**

2ᵉ *partie* **Félicité de l'homme avec Dieu.**

Première partie (liasses II à XI).

Elle commence (six chapitres) par poser le problème de l'homme. Mélange de misère et de grandeur, l'homme est la proie des passions (liasse II : **Vanité**), spécialement de l'imagination et de l'amour-propre, qui déforment son esprit et lui interdisent (liasse III : **Misère**) de connaître la justice et la vérité. Sans cesse ballotté entre la dépendance et son désir d'indépendance, il est guetté par l'**Ennui** (liasse IV). Preuve de sa misère, cet effort des « demi-habiles » pour atteindre la **Raison des effets** (liasse V), et qui n'aboutit qu'à substituer à l'ignorance du peuple une ignorance savante qui se connaît.

Or, cette misère de l'homme livré à lui-même implique la grandeur, et inversement, la grandeur ne va jamais chez lui sans la misère (liasse VI : **Grandeur**).

Ainsi, l'homme n'est que **Contrariétés** (liasse VII), dont ne sauraient rendre compte les philosophes, pyrrhoniens ou dogmatiques. Seule la religion possède la clef de cette mystérieuse dualité : le péché originel.

Dans les trois chapitres suivants (liasse VIII à X), Pascal montre que seule la religion promet le vrai bien : contrairement au commun des hommes, qui, pour fuir leur misère, jouent et se divertissent (liasse VIII : **Du divertissement**); contrairement aux philosophes, épicuriens et stoïciens, incapables de nous apporter une morale du bonheur, parce que leur connaissance de l'homme est incomplète (liasse IX : **Philosophes**).

Par la perte du véritable bien, un gouffre infini s'est creusé dans l'homme, que seul un objet infini peut combler. Ainsi, la religion résout l'énigme de la nature humaine, et apporte à l'homme le secours de la grâce qui le ramène à Dieu, son « vrai bien » (liasse X : **Souverain Bien**).

Conclusion : Seule la religion chrétienne réunit ces deux conditions; elle seule peut expliquer pourquoi nous sommes opposés à Dieu et nous indiquer, ou mieux, nous fournir les remèdes à notre impuissance (liasse XI : **A P R**).

Seconde partie : Jésus-Christ (liasses XII à XXVII).

Avant d'aborder l'établissement des preuves de Jésus-Christ, Pascal va préparer son incrédule : la solution jusqu'ici n'était que théorique. Dans la liasse XII, intitulée de façon significative **Commencement,** il fait entrer, pour pousser son athée à persévérer dans sa recherche, des considérations qui ont un rapport étroit avec l'argument du pari (celui-ci ne figure pas dans la partie classée de la copie).

On « abêtira » la « machine », mais sans pour cela renoncer à cultiver la raison. **Soumission et usage de la raison,** voilà l'essence de la religion véritable (liasse XIII). Cet usage ne saurait être un abus. Dieu est indémontrable. Seul le Médiateur, Jésus-Christ, nous permettra d'aller à Dieu, car, étant à la fois Dieu et Homme, il nous incline à connaître en même temps Dieu et notre misère (liasse XIV). Ainsi, le Médiateur ouvre le chemin. Encore faut-il que l'homme s'inquiète : Pascal va lui montrer que le « pourquoi » est partout. Effroi et tremblement de l'homme en face de l'univers. Contradiction de l'homme, qui, esprit et corps, ne peut ni connaître Dieu ni se connaître, et cependant, par sa pensée, aspire à cette double connaissance (liasse XV : **Transition de la connaissance de l'homme à Dieu**).

Pascal peut maintenant, par une série de comparaisons (liasse XVI), démontrer la **Fausseté des autres religions.** De même que les

« vrais » juifs et les « vrais » païens sont venus du Rédempteur, de même (liasse XVII) le vrai chrétien se reconnaîtra à sa rupture avec l'esprit du monde et à sa recherche sincère du vrai bien.

Le dernier mouvement de l'*Apologie* (liasses XVIII-XXVII) consistait dans l'étude des preuves de fait de la religion chrétienne. Après avoir souligné (liasse XVIII) la nécessaire *obscurité* de la religion et du Christ, Pascal étudie l'Ancien Testament, pour montrer qu'il est entièrement figuratif : il faut interpréter les détails matériels de l'histoire du peuple juif comme des représentations concrètes de réalités spirituelles. Ainsi s'établira la correspondance entre l'Ancien et le Nouveau Testament (liasse XIX). Dans le chapitre suivant, Pascal applique son principe des figures au Talmud, dans lequel il cherche la source de l'inspiration chrétienne (liasse XX). La *perpétuité* de la foi chrétienne est d'autant plus éclatante et miraculeuse qu'elle avait deux raisons d'être anéantie : elle a toujours été combattue (schismes, hérésies), et elle propose une morale contraire aux passions humaines (liasse XXI). Après l'exposé — à peine esquissé — des **Preuves de Moïse** (liasse XXII). Pascal, sur le ton du lyrisme et de la ferveur mystique, aborde les **Preuves de Jésus-Christ** (liasse XXIII) et développe la distinction des trois ordres : ordre de la chair, ordre de l'esprit, ordre de la charité. Les prophéties accomplies, c'est au-delà de l'Evangile et dans l'histoire qu'il faut chercher leur accomplissement (liasse XXIV). La liasse XXV (**Figures particulières**) évoque quelques cas de *prophéties de fait* (réalités de l'Ancien Testament figurant des réalités de l'Eglise).

Enfin, Pascal présente la vie heureuse du nouveau converti, qui conformera toute sa volonté à celle de Dieu, cultivant les vertus d'humilité et de charité, vivant sa joie en union avec le corps mystique du Christ, aussi éloigné du désespoir que de la présomption, et sachant se garder de tout formalisme. Bonheur qui est essentiellement un élan de l'âme (liasse XXVI : **Morale chrétienne**).

Conclusion : Nécessité pour le véritable chrétien de l'humilité (plier la « machine ») et de l'amour en s'anéantissant devant l'Etre universel, qui seul incline le cœur des hommes (liasse XXVII).

Toute cette deuxième partie de l'*Apologie*, dont plusieurs chapitres, nous l'avons vu, ont été à peine esquissés, Pascal la considérait comme très importante, et, malgré les erreurs historiques dont elle est entachée (en particulier en ce qui concerne Moïse et le Pentateuque[1]), ce serait défigurer gravement ses intentions que de la sacrifier, comme certains ont été tentés de le faire. Tout se tient dans l'*Apologie*, et en supprimer le moindre élément serait détruire cette architecture et cet équilibre des masses que nous avons essayé de rendre sensibles, et qui eussent fait très certainement l'un des attraits primordiaux de l'œuvre si elle avait pu être achevée.

---

1. Voir plus loin, page 19, les Sources des « Pensées ».

LES INTERLOCUTEURS DE PASCAL

Ce sont les « libertins », moins ceux des livres que ceux qu'il a connus personnellement, non seulement pendant sa vie mondaine, mais dans sa jeunesse et après sa conversion. Il ne semble pas qu'il ait voulu s'en prendre à un athéisme agressif ; ce qui a provoqué son étonnement et son besoin de convertir, c'est l'indifférence. Damien Mitton, ce riche bourgeois qui faisait figure d'homme du monde quand Pascal le connut en 1653, en compagnie du chevalier de Méré, représente un bon exemple de cette indifférence, mélange de scepticisme et de mélancolie désabusée.

A cet indifférent, Pascal reproche d'être content de son sort. Mitton et Méré lui ont fait connaître Montaigne, non pas tant d'ailleurs le Montaigne riche d'expériences du livre III, que le sceptique de l' « Apologie de Raymond Sebond ». Il a aimé Montaigne, ses saillies, ses dons merveilleux d'observation, son langage savoureux ; et il ne l'aura jamais se défendre d'une tendresse de cœur pour le prestigieux jouteur de « l'Art de conférer » ou le pédagogue averti de l'« Institution des enfants ». Mais l'indifférence lascive, le laisser-aller de Montaigne provoquent l'indignation de Pascal. C'est cette inadmissible satisfaction de soi-même, mélange de paresse et d'orgueil, qui va constituer la cible essentielle de notre apologiste. Secouer cette apathie, éveiller l'inquiétude, par tous les moyens, voilà bien le souci majeur, le but essentiel des *Pensées*. Pascal ne lâchera pas son adversaire, qui est aussi son frère malheureux, qu'il n'ait incliné son esprit et son cœur vers Jésus-Christ, qu'il ne l'ait arraché à lui-même pour l'offrir à la grâce divine.

Et peut-être cet acharnement qu'il apporte à convaincre et à persuader, ce dialogue passionné qu'il établit avec son libertin sont-ils compréhensibles si l'on songe à la vie même de Pascal. Peut-être ce savant qui passa toute sa vie à se convertir, à lutter contre cette *libido sciendi* qu'il dénonce si hautement dans ses *Pensées* s'en prend-il inconsciemment à lui-même. A lui qui, jusqu'au bout, a refusé de consentir au sacrifice total de son existence et de son orgueil ; à lui, ou tout au moins à ces parties de lui-même dont il n'a jamais réussi à se détacher entièrement. Qui pouvait l'empêcher de suivre l'exemple de ses amis de Port-Royal et de se consacrer intégralement au service de son Dieu ? L'exemple de sa sœur Jacqueline, qui, elle, était allée jusqu'au bout du renoncement au monde[1], dut assez souvent éveiller sa mauvaise conscience et provoquer en lui ce malaise, cette gêne qui se traduit dans ses notes, à certains moments, par une violence excessive, contrastant avec ce que les *Pensées* ont généralement de clair et de serein[2]. Autobiographie d'une âme, ont dit certains lecteurs de Pascal. Ils n'avaient peut-être pas entièrement tort.

---

1. Voir François Mauriac, *Blaise Pascal et sa sœur Jacqueline* ; 2. Voir L. Jerphagnon, *le Caractère de Pascal*.

Ainsi, par-delà l'effort conscient d'un esprit supérieur, dont l'intelligence aiguë des réalités humaines et l'intuition vécue des mystères divins sont mises en œuvre pour arracher l'indifférent à son apathie et le convertir à Jésus-Christ, le frémissement intime des *Pensées* nous permet de découvrir le dialogue intérieur d'une âme déchirée, prise entre la soif d'absolu et les tentations du monde.

N'est-ce pas ce qui donne à cette œuvre inachevée son plus puissant attrait, et ce qui permet à Pascal d'être éternellement vivant, parce que si profondément humain ? Et, du même coup, le dialogue s'élargit et s'adresse à l'humanité entière, chrétiens tièdes ou fervents, incrédules sincères, tous ceux qui ont soif de vérité et d'amour, tous ceux qui cherchent en gémissant.

LES SOURCES DES « PENSÉES »

Elles sont innombrables, et il serait vain de vouloir les énumérer. Cependant, il est certains ouvrages essentiels, auxquels s'est alimentée sans cesse la méditation de Pascal ; ce sont eux que nous passerons rapidement en revue, en essayant de montrer chaque fois l'originalité de sa lecture.

I. LES ÉCRITURES

A. L'Ancien Testament.

Pascal ignorait l'hébreu, il n'eut pas le temps de l'apprendre. Il lisait donc, comme la plupart de ses contemporains, l'Ancien Testament dans sa traduction latine. De l'intelligence attentive de sa lecture, il nous reste un brillant témoignage : les « morceaux choisis », qu'il a groupés dans ses *Pensées*, des textes messianiques des Prophètes. On ne peut qu'admirer cette langue souple et pure, dont les résonances font penser aux vers de Racine ; le style de Pascal s'accordait à merveille à celui de la Bible ; et, avant Claudel, il a su retrouver l'inspiration et le rythme du verset.

Sans doute les *Pensées* contiennent-elles un certain nombre d'erreurs, concernant en particulier la chronologie et l'histoire du peuple juif ; et sa théorie des « figuratifs » a quelque chose d'artificiel : « Tout ce qui ne va point à la charité, écrit-il, est figure. L'unique objet de l'Écriture est la charité. » Exagération manifeste ; erreur aussi l'attribution à Moïse de la rédaction du Pentateuque. Mais toutes ces inexactitudes sont à mettre au compte, moins de son ignorance de la langue et de la civilisation juives, que de l'état fort peu avancé de l'exégèse biblique de son époque. Lui-même d'ailleurs a eu l'intuition des travaux à entreprendre. La maladie et la mort ne lui en ont pas laissé le loisir[1]. Il n'en demeure pas

---

1. L'année même de la mort de Pascal, un jeune étudiant, Richard Simon, entrait à l'Oratoire pour se consacrer aux tâches dont Pascal prévoyait la nécessité : il apprenait l'hébreu, se liait avec un rabbin et publiait en 1685 une *Histoire critique du Vieux Testament*, qui fit accomplir à l'exégèse biblique des progrès considérables.

moins que, quand il s'agit de saisir l'esprit des Prophètes, la conception judaïque de Dieu et de la sainteté, son intuition religieuse joue pleinement. Il a su, nous dit J. Steinmann, lire la Bible « comme Péguy lisait *Antigone* ou *Polyeucte* et relier le texte à ses résonances futures, l'insérer dans un vaste élan religieux, dans un progrès soumis à une direction au bout de laquelle se dresse le christianisme, qui en épanouit toutes les virtualités profondes ».

B. Les Évangiles.

Ici, plus de problèmes d'exégèse ou de traduction. Généralement, Pascal cite les textes évangéliques dans la traduction de Louvain. Mais, ce qui compte, c'est l'union profonde qui s'établit entre le cœur de Pascal et l'esprit des Evangiles. Il a été particulièrement frappé par l'image de Jésus telle qu'elle surgit de ces pages humbles et familières; il se complaît à insister sur la simplicité du Christ, et sur l'union, en sa personne, de la « chétivité » matérielle et de la perfection morale. Le ton s'élève, aussitôt qu'il évoque la figure du Rédempteur, à une sorte de jubilation poétique. Plus enthousiaste peut-être que les grands mystiques, Pascal revit le mystère chrétien par excellence, celui du Médiateur, qui unit les faiblesses de l'homme à la grandeur infinie de Dieu. Clé de voûte de tout l'édifice des *Pensées*, le Christ est pour Pascal l'occasion d'écrire avec son cœur, joyeux ou angoissé, les plus belles pages de son œuvre; celle qui définit les trois ordres de grandeur, et montre comment le Sauveur unit dans sa personne l'ordre de la charité et de la grâce à celui de la chair; et cette méditation, ou plutôt ce dialogue pathétique, qui, bien qu'antérieur à la rédaction des *Pensées*, en constitue la conclusion la plus bouleversante : *le Mystère de Jésus*.

II. LES PÈRES DE L'ÉGLISE

S'il n'a pas négligé la lecture de saint Paul — c'est à celui-ci qu'il emprunte l'allégorie du « corps mystique » du Christ —, ni celle de saint Thomas, il semble que ce soit surtout la doctrine et la pensée augustinienne qui aient alimenté les méditations de Pascal. Dès sa première conversion (1646), par l'intermédiaire de l'abbé de Saint-Cyran, qui fut pour lui un véritable maître de vie intérieure, la lecture de saint Augustin impose au jeune Blaise deux évidences : pas de vie religieuse solide sans la vocation, cet appel de la grâce, que seul le silence de la prière permet d'entendre, et qui oriente le chrétien vers un idéal de vie agréable à Dieu; d'autre part, à cet abandon aux volontés divines doit être joint l'esprit de soumission au directeur, représentant de l'Eglise. Nous pénétrons ici au cœur de la doctrine pascalienne, avec ses deux grandes directions, l'une mystique (théorie de la grâce), l'autre historique (perpétuité de l'Eglise, seule dépositaire des sacrements qui rendent l'homme à sa destinée surnaturelle). Et ces deux grandes idées, Pascal les doit à saint Augustin, le grand docteur de l'idée catholique. Il lui doit peut-être aussi, sur le plan du sentiment religieux, ce sens du péché si douloureusement exprimé chez l'auteur des *Confessions*.

III. *LES SOURCES PROFANES*

Il est évident que Pascal a tiré profit de mainte œuvre profane et philosophique; les travaux d'Antoine Adam[1], établissant des rapprochements saisissants avec les « libertins » italiens comme Giordano Bruno, laissent même entendre que les sympathies de Pascal pour Montaigne se seraient doublées d'une acceptation — du moins provisoire — des doctrines libertines en matière de psychologie humaine et de philosophie de l'univers.

A. Les « Essais ».

Malgré un certain nombre d'ouvrages de détail, il manque encore une étude complète des rapports entre Pascal et Montaigne. Nous nous en tiendrons à deux jugements de Pascal lui-même, qui indiquent assez bien la portée de sa lecture : « Ce que Montaigne a de bon ne peut être acquis que difficilement. — Ce n'est pas dans Montaigne, mais dans moi, que je trouve tout ce que j'y vois. »

Ce rôle fondamental de l'introspection, confirmant et complétant les lectures que fait Pascal, il suffit d'ouvrir les *Pensées* pour s'en rendre compte. Et c'est peut-être cette transmutation de la pensée d'autrui qui donne à l'expression de Pascal tout son prix. Il a emprunté des détails, des anecdotes, des petits faits significatifs, mais pour les repenser et les introduire dans une synthèse puissante et originale. Montaigne muse, et s'amuse; Pascal va droit à l'essentiel : deux styles, deux esprits.

B. Les philosophes.

A. Adam a montré avec beaucoup de netteté comment la conception de l'homme et du monde chez Pascal s'oppose catégoriquement au rationalisme chrétien qui régnait alors dans les milieux religieux officiels et qui venait en droite ligne d'Aristote et de saint Thomas : philosophie rassurante et lumineuse, qui place la Raison infinie, Dieu, au sommet de la création, et qui suspend à Dieu l'Univers, reflet de cette Raison; elle retrouve la raison chez l'homme et établit partout une hiérarchie précise et définitive.

A cette théophanie, Pascal dit « non ». Sans doute, avoue-t-il, quelques esprits peuvent être séduits par l'image de l'Univers, reflet de la beauté divine. Mais lui s'y refuse, instinctivement, semble-t-il; d'une part, il a trop peu de confiance dans la raison humaine, et, de l'autre, il voit l'homme voguant « sur un milieu

---

1. Antoine Adam, *Histoire de la littérature française au XVIIe siècle*, tome II; « l'Époque de Pascal ».

vaste, toujours (incertain) et (flottant) ». A l'idée d'un univers stable, il oppose celle de mouvement : « Notre nature est dans le mouvement; le repos entier est la mort. »

A la pensée d'une création définitive et minutieusement hiérarchisée, son imagination, appuyée sur les données encore embryonnaires de la science, répond par les « deux infinis ».

Or, il est très probable que ces positions fondamentales de la « philosophie » de Pascal ont été influencées non seulement par les entretiens qu'il put avoir avec ses amis libertins, Méré et Mitton entre autres, mais par les idées de l'Italien Bruno et de l'Anglais Hobbes. Celui-ci vécut dans les cercles parisiens de 1642 à 1663 et se trouvait à Paris en 1653. L'un et l'autre soutiennent la divisibilité de la matière à l'infini et considèrent l'univers comme un monde où les contraires cohabitent, où la stabilité résulte, non d'une harmonie, mais d'un équilibre précaire entre des forces opposées. Hobbes s'efforce, annonçant les analyses du « divertissement », de rendre compte par le mouvement des phénomènes de la vie morale. Bruno, de son côté, propose l'idée que l'atome est une infinité d'univers, et énonce la définition de la sphère infinie.

Ces précieuses remarques d'A. Adam permettront de comprendre que, s'il n'a peut-être pas lu attentivement les ouvrages de ses contemporains, Pascal a certainement tiré profit de leurs propos ou de leurs entretiens. Et, comme toujours chez lui, c'est l'accent personnel qu'il a donné à ses analyses, c'est l'art avec lequel il a su les mettre en valeur et les insérer dans le mouvement de son apologie qui donnent tout leur prix à ses emprunts.

C. Les apologistes de la religion chrétienne.

L'abbé J. Dedieu et le P. Chesneau ont essayé, par une série de rapprochements et de comparaisons, de montrer ce que Pascal devait à ses précurseurs. Ils étaient nombreux, au début du XVII⁰ siècle, à démontrer, tantôt contre les stoïciens (fût-ce à l'aide de Montaigne) la faiblesse de la nature humaine, tantôt contre les pyrrhoniens (et contre Montaigne) l'inexactitude d'un scepticisme total. Il s'était même constitué, vers 1620-1630, une apologétique augustinienne qui mettait l'accent sur la nécessité, pour l'homme qui veut comprendre Dieu, de pratiquer la soumission et l'humilité.

En fait, Pascal a peu connu ces ouvrages. Les deux seuls dont on soit assuré qu'il s'est servi sont un traité de Grotius sur la *Vérité de la religion chrétienne* et un gros ouvrage d'exégèse biblique, le *Pugio fidei adversus Mauros et Judaeos*, que Raymond Martin composa au XVI⁰ siècle, mais qui ne fut édité qu'en 1651. Encore a-t-il lus par l'intermédiaire de Port-Royal, qui les estimait fort. Qu'en a-t-il retenu ? Une simple documentation.

Comme pour les ouvrages des libertins, c'est donc toujours l'originalité puissante de Pascal que nous retrouvons derrière ces emprunts; chez aucun de ses prédécesseurs on ne trouve la méthode, l'ordre, l'expression qui donnent aux *Pensées* leur authenticité : œuvre d'un esprit supérieur, dont la faculté prodigieuse d'observation et d'analyse s'allie à une sensibilité pleine de ferveur.

LES DIVERS VISAGES DE PASCAL A TRAVERS LES « PENSÉES »

Il ne saurait être question ici de présenter une étude exhaustive de toutes les interprétations qu'on a pu donner des *Pensées* et de toutes les images de Pascal qui s'y inscrivent. Nous essaierons seulement de passer en revue quelques-uns des portraits successifs qu'on a pu « tirer » du grand écrivain depuis le XVII° siècle même jusqu'à nos jours. Pour une entreprise aussi riche et aussi dangereuse que celle de fixer les traits d'un visage — Montaigne nous a sur ce point suffisamment conseillé la prudence —, la tentation la plus grave est sans doute de mettre en relief une qualité — ou un défaut — au détriment de l'ensemble, et d'enlever à la physionomie cette totalité unique et mouvante qui est la marque de la vie.

La première « vision » — chronologiquement parlant — que nous ayons de Blaise Pascal est celle que nous offre sa sœur, Gilberte Périer : c'est l'image de l'enfant prodige, génie précoce, qui devient en si peu de temps un saint janséniste. A côté des renseignements précis qu'elle nous donne sur la vie de celui qu'elle sut élever et choyer comme un fils, le souci hagiographique est trop évident pour qu'on puisse lui faire totalement crédit.

Puis, c'est le Pascal qu'a connu le XVIII° siècle, celui que fustige Voltaire dans sa 25° *Lettre philosophique* : un misanthrope sublime, obscurantiste et pessimiste. Et nous avons vu tous les « philosophes » emboîter le pas à Voltaire — sauf peut-être Rousseau, chez qui la conception du « cœur » apparaît assez voisine de celle de Pascal.

Avec Chateaubriand apparaît le visage de l'homme de passion (« cet effrayant génie »), partagé entre la création scientifique et l'angoisse religieuse. A ce Pascal romantique, auquel Sainte-Beuve (dans son *Histoire de Port-Royal*) apporte les corrections d'un esprit subtil, succédera, vers la fin du XIX° siècle, un Pascal intellectualiste, œuvre de Léon Brunschvicg et de Paul Valéry (*Variété I*, « Réflexions sur une pensée »). Et puis, à la suite de Bergson, J. Chevalier nous propose un Pascal mystique.

Mêmes balancements, mêmes oppositions lorsqu'il s'agit plus particulièrement du visage religieux de Pascal : les uns voient en lui un janséniste endurci, et retrouvent dans les *Pensées* l'ardeur polémique de l'auteur des *Provinciales*, tout proches par là même de l'accuser d'hérésie, ou de tendances hérétiques. D'autres le jugent comme un parfait catholique, et M¹¹° J. Russier a pu écrire une thèse impressionnante de solidité sur *la Foi de Pascal*, découvrant en celle-ci « si paradoxal que cela puisse paraître à certains, une manifestation de l'esprit positif ». — Et F. Mauriac définit ainsi l'auteur des *Pensées* : « Le seul humaniste digne de ce beau nom ; le seul qui ne renie rien de l'homme ; il traverse tout l'homme pour atteindre Dieu. »

L'atteint-il ? Nous permet-il de l'atteindre ? C'est ce que nombre d'esprits lui dénient, croyant ainsi porter atteinte au dessein même de l'*Apologie*. Peut-être Pascal, s'il vivait encore, serait-il profondément étonné de ce qu'on lui accorde, de ce qu'on lui refuse.

De toute façon, l'image d'un Pascal sceptique, construite voici un siècle par Victor Cousin, semble bien aujourd'hui définitivement abandonnée. Tous s'accordent à reconnaître l'élan (sage ou fou !) qui anime les *Pensées* et nous invite à méditer à notre tour sur la condition de l'homme. Que cette méditation ne soit pas unanime, c'est ce que notait en 1956 G. Gusdorf : « Pascal intervient comme un signe de contradiction, qui n'a cessé de fasciner, de scandaliser d'âge en âge les penseurs les plus valables. Il est ridicule de prétendre lever la contradiction dont Pascal a vécu et dont il est mort [...]. Pascal n'appartient à personne. »

LE STYLE DES « PENSÉES »

Ici l'unanimité réapparaît. Depuis Voltaire, qui reconnaissait son génie littéraire, jusqu'à Z. Tourneur, qui voit dans les *Pensées* l'ébauche d'une merveilleuse épopée, tous les critiques (y compris Valéry) ont loué les qualités de ce style. Nous en retiendrons quelques éléments essentiels.

1. *Le souci de l'efficacité.* Ce souci apparaît dans l'attention extrême que Pascal a portée aux questions d'ordre et de méthode. Aussi bien la fameuse distinction de l'esprit de finesse et de l'esprit de géométrie que tous les fragments qui se rapportent à l'« art de persuader » révèlent un esprit décidé à ne laisser de côté aucun des aspects de la réalité. Ses ratures et ses variantes nous découvrent sans cesse le besoin d'une expression à la fois claire et concise, ennemie de tout bavardage et parfaitement adéquate à son objet. Un mot revient souvent sous sa plume : le naturel. Pas de fausses portes ni de symétries apparentes, toujours l'expression la plus directe. Besoins naturels d'un esprit formé aux disciplines scientifiques et soucieux de mettre le prix aux choses.

2. *Le souci de l'élégance.* Ici encore intervient la formation scientifique. Pascal savant est très attentif à présenter toujours la solution la plus élégante des problèmes qu'il traite. Les mêmes qualités de distinction et de modération verbale marquent le style des *Pensées*. J. Steinmann a souligné avec pertinence la différence considérable de ton qui sépare les analyses les plus « terribles » de la condition de l'homme chez Pascal de celles qu'on peut trouver chez son maître Jansénius[1]. Et L. Lafuma remarque qu'on ne trouve plus dans l'*Apologie* cette fureur polémique qui animait les *Provin-*

---

1. J. Steinmann, *Pascal*, page 226.

ciales. — Pascal chrétien n'oublie pas plus les qualités du mondain « honnête homme » que les vertus de l'esprit scientifique.

3. *Le souci de l'art et de la poésie.* Pascal est un artiste et un poète. Poète en prose, qui a soigneusement évité la rencontre avec l'alexandrin. Il est poète : par le don de l'image, qui ne se sépare jamais de l'idée, mais fait corps avec elle; par le sens du concret et de l'individualité de chaque objet; par le « balancement de la phrase, ses heurts, son large développement, ses chutes et le son des mots[1] »; enfin par l'émotion qui donne au texte sa vie et sa modulation propre. Tourneur a bien mis en évidence l'ampleur et la richesse des sensations qui vibrent et frémissent à travers toute l'œuvre. Et si Pascal manifeste par moments un certain dédain pour la peinture, J. Mesnard nous apprend[2] qu'il a passé une partie de sa jeunesse dans une atmosphère musicale : son père Etienne « prit pour divertissement la musique, où il avait de si belles notions pour la composition qu'il était estimé un des plus habiles en cet art par ceux-mêmes qui le professent ». Qu'il en soit demeuré des traces dans la maturité de l'écrivain, c'est plus que probable. En tout cas, l'âme de Pascal est particulièrement sensible aux notions d'harmonie et de proportion.

En somme, un authentique poète, qui, lorsqu'il est soulevé par l'émotion religieuse, est en mesure d'atteindre, dans l'angoisse ou dans la joie, les plus hautes cimes du lyrisme chrétien. Lyrisme dramatique, car dans ses élans les plus spontanés Pascal reste toujours sensible à la condition tragique de l'homme. Cet approfondissement de la joie dans la douleur (*Durch Leiden Freude* diront les romantiques) est sans doute ce qui donne le plus de prix au dialogue suprême que Pascal engage avec son Dieu, au jardin des Oliviers; ici, par l'ampleur du sentiment et de l'émotion, Pascal ne dépasse-t-il pas l'art classique pour s'élever au-dessus de toutes les écoles en retrouvant les sources les plus pures de la poésie universelle ?

LES « PENSÉES » ET LE MONDE MODERNE

Les rencontres ne sont pas rares entre Pascal et les philosophes, à quelque bord qu'ils appartiennent. Or, il se trouve aujourd'hui que de très sérieux « abordages » ont fait très nettement progresser à la fois la connaissance que nous avions de Pascal et de son milieu, et l'intérêt que lui porte la pensée moderne.

Il faut tout d'abord souligner les prises de position de l'idéologie marxiste, représentée essentiellement par Henri Lefebvre et Lucien Goldmann. Fécondes en aperçus nouveaux sur la valeur de la dialectique pascalienne et sur la vision tragique du monde chez Pascal, elles sont surtout intéressantes par l'étude des milieux jansénistes à l'époque de Pascal et au XVIIIᵉ siècle.

---

1. Z. Tourneur; 2. Pascal, « Textes du tricentenaire », pages 195 et suivantes.

Mais c'est surtout la philosophie existentialiste qui semble avoir pris une option sérieuse sur les *Pensées* : la primauté que Pascal accorde à l'expérience vécue, à l'observation concrète de l'homme et des choses, deviendra pour le philosophe moderne primauté de l'existence. Nous pouvons ainsi trouver dans les analyses de la misère de l'homme quelques-uns des thèmes les plus appréciés par la philosophie existentielle : l' « ennui » est si proche de la « nausée » sartrienne, les « contrariétés » dans lesquelles se débat la raison impuissante sont si voisines de ce sentiment de l'absurde qui emplit la philosophie de Camus ; il n'est point jusqu'à la conception de Dieu qui ne prenne une allure existentielle : n'est-ce point en méditant sur le vide de son existence que l'homme découvre la nécessité de Dieu ?

Enfin, l'impuissance de l'homme à résoudre les contradictions entre la réalité de ce qu'il est et l'idéal auquel il aspire, cette impuissance qui constitue sa misère même, ne trouve-t-elle pas une correspondance dans le désespoir existentialiste ?

Mais ici, Pascal se distingue de l'analyse existentielle par son souci de l'universel, et surtout parce qu'il fait déboucher le désespoir de la condition humaine sur une lutte et sur l'espoir d'une délivrance. « Tout mal vient de l'homme, tout bien vient de Dieu ; pour être délivré de sa misère, il faut renoncer à soi-même[1]. » L'angoisse ne sera point définitive. L'homme est convié à chercher, en s'humiliant. Et Dieu fera le reste.

Ainsi, Pascal et les *Pensées* échappent encore à toute annexion. Même les esprits religieux d'aujourd'hui ne sont pas forcément en communion avec lui. A. Béguin, dans son petit volume *Pascal par lui-même*, a montré de façon remarquable ce qui sépare la conception pascalienne de la vérité et du Souverain Bien de notre conception moderne d'une lente « pédagogie » divine, d'un progrès historique qui nous élèverait vers la connaissance de Dieu. Pour Pascal, la vérité est fixe, immuable, éternelle. « Si, pour Pascal, écrit Béguin, le chrétien n'est pas engagé par sa foi à tenter, au cours des âges, une progressive évangélisation du monde humain, cela tient à ce que, dans la perspective majeure de son *Apologie*, la condition humaine apparaît comme immuable depuis la chute, et telle que seule la grâce toute-puissante y peut opérer un changement. Aucune marche du temps ne prépare cette communauté de plus en plus complète que saint Augustin voyait se parfaire à travers les siècles de l'histoire[2]. »

« Pourtant, ajoute-t-il en conclusion, Pascal ne nous a jamais été plus nécessaire qu'aujourd'hui [...] Il y a un humanisme de Pascal, rigoureux, sévère, mais qui, prouvant à l'homme qu'il « passe infiniment l'homme », lui accorde beaucoup plus que ne font les

---

1. J. Mesnard, *Pascal, l'homme et l'œuvre*, page 177 ; 2. A. Béguin, *Pascal par lui-même*, page 92.

douceurs de l'humanisme dévot ou les complaisances de l'humanisme profane. »

Béguin rejoint ici la définition de F. Mauriac; tous deux voient en effet en Pascal un vivant conseiller, un maître à penser et à vivre qui n'a exercé une telle influence sur toutes sortes d'esprits que parce qu'il a bien connu l'homme, dans sa misère et dans sa grandeur.

André Chamson disait, le 6 février 1964, en recevant Joseph Kessel à l'Académie française : « Je crois savoir un peu ce que c'est qu'une œuvre en train de se faire, une œuvre en mouvement, qui n'est pas encore un objet, mais de la matière vivante, liée à son créateur par les liens du sang, des humeurs, de l'influx nerveux, de la joie et de la souffrance. » Il nous semble trouver dans cette phrase la meilleure définition des *Pensées,* œuvre inachevée, toujours en mouvement et toujours vivante, et que tant de liens attachent à son auteur. C'est dans cette perspective que nous conseillons de les lire.

———

On trouvera dans ces pages choisies des *Pensées* l'ordre établi par Louis Lafuma d'après celui de la copie n° 9203.

Le premier chiffre indique le classement de Louis Lafuma, le second, entre parenthèses, est la référence au classement de l'édition Brunschvicg. (On trouvera page 161 une table de concordance entre ces deux éditions.)

Entre les extraits des vingt-sept chapitres de papiers classés pourront être insérés des fragments empruntés aux papiers non classés. Ils seront toujours précédés du numéro de la série de l'édition Lafuma d'où ils sont tirés, ainsi que de l'indication PNC (papiers non classés). Les vingt-sept chapitres de papiers classés représentent 382 fragments, donc à partir du fragment marqué 383 il s'agit des papiers non classés.

Entre crochets : 1° en caractères romains, des mots ajoutés par l'éditeur pour remédier à des lacunes ou à des négligences évidentes du manuscrit de Pascal; 2° en italique, des mots barrés par Pascal lui-même, mais restés lisibles sous les ratures.

En tête de ces pages figure le texte du *Mémorial,* copie du manuscrit trouvé cousu dans le pourpoint de Pascal après sa mort, et destiné à lui rappeler le souvenir de la nuit du 23 novembre 1654. On pourra lire également deux extraits de l'opuscule *De l'esprit géométrique,* qui représentent l'ébauche de deux passages célèbres de l'*Apologie.*

LE « MÉMORIAL »

L'an de grâce 1654,
Lundi, 23 novembre, jour de saint Clément, pape et martyr et autres au martyrologe,
Veille de saint Chrysogone, martyr, et autres,
Depuis environ dix heures et demie du soir jusques environ minuit et demi,

FEU

« Dieu d'Abraham, Dieu d'Isaac, Dieu de Jacob[1] »
non des philosophes et des savants.
Certitude. Certitude. Sentiment. Joie. Paix.
Dieu de Jésus-Christ.
Deum meum et Deum vestrum[2].
« Ton Dieu sera mon Dieu[3]. »
Oubli du monde et de tout, hormis Dieu.
Il ne se trouve que par les voies enseignées dans l'Évangile.
Grandeur de l'âme humaine.
« Père juste, le monde ne t'a point connu, mais je t'ai connu[4]. »
Joie, joie, joie, pleurs de joie.
Je m'en suis séparé :
Dereliquerunt me fontem aquae vivae[5]
« Mon Dieu, me quitterez-vous?[6] »
Que je n'en sois pas séparé éternellement.
« Cette est la vie éternelle, qu'ils te connaissent seul vrai Dieu, et celui que tu as envoyé, Jésus-Christ[7]. »
Jésus-Christ.
Jésus-Christ.
Je m'en suis séparé; je l'ai fui, renoncé, crucifié.
Que je n'en sois jamais séparé.
Il ne se conserve que par les voies enseignées dans l'Évangile :
Renonciation totale et douce.
Soumission totale à Jésus-Christ et à mon directeur.
Éternellement en joie pour un jour d'exercice sur la terre.
Non obliviscar sermones tuos[8]. Amen.

---

1. Exode, III, 6, et Évangile selon saint Matthieu, XXII, 32. Paroles que Moïse entendit sortir du buisson ardent; 2. Jean, XX, 17; Jésus dit à Madeleine : « Va à mes frères et dis-leur : Je monte à mon Père et à votre Père, *à mon Dieu et à votre Dieu* »; 3. Ruth, I, 16; 4. Jean, XVII, 25; 5. Jérémie, II, 13 : « *Ils* [les juifs] m'ont délaissé [dit le Seigneur], moi qui suis *la fontaine d'eau vive* »; 6. Matthieu, XXVII, 46; 7. Jean, XVII, 3; 8. Psaume CXVIII (16) : « *Je n'oublierai point tes paroles* ».

FAC-SIMILÉ DU MÉMORIAL DE PASCAL

DE L'ESPRIT GÉOMÉTRIQUE

SECTION I : **De la méthode des démonstrations géométriques, c'est-à-dire méthodiques et parfaites.**

[Ayant accepté de composer des *Eléments de géométrie* pour les Petites Écoles de Port-Royal, Pascal revient, sans doute vers 1658, aux problèmes de méthode. Après avoir posé les conditions du véritable ordre, qui consiste à tout définir et à tout prouver, il montre que la géométrie est loin de cet ordre : *a)* parce que « cette méthode est absolument impossible » ; *b)* parce que ce serait inutile. (Quelle nécessité y a-t-il, par exemple, d'expliquer ce qu'on entend par le mot *homme?*) Ainsi, la géométrie ne peut « définir ni le mouvement, ni les nombres, ni l'espace ». Il en arrive alors à démontrer l'impossibilité d'assigner un terme, soit à la multiplication, soit à la division d'une quantité.]

Ainsi il y a des propriétés communes à toutes choses, dont la connaissance ouvre l'esprit aux plus grandes merveilles de la nature.

La principale comprend les deux infinités qui se rencontrent
5 dans toutes : l'une de grandeur, l'autre de petitesse.

Car quelque prompt que soit un mouvement, on peut en concevoir un qui le soit davantage, et hâter encore ce dernier; et ainsi toujours à l'infini, sans jamais arriver à un qui le soit de telle sorte qu'on ne puisse plus y ajouter. Et au contraire,
10 quelque lent que soit un mouvement, on peut le retarder davantage, et encore ce dernier; et ainsi à l'infini, sans jamais arriver à un tel degré de lenteur qu'on ne puisse encore en descendre à une infinité d'autres, sans tomber dans le repos.

De même, quelque grand que soit un nombre, on peut en
15 concevoir un plus grand, et encore un qui surpasse le dernier; et ainsi à l'infini, sans jamais arriver à un qui ne puisse plus être augmenté. Et au contraire, quelque petit que soit un nombre, comme la centième ou la dix millième partie, on peut encore en concevoir un moindre, et toujours à l'infini, sans
20 arriver au zéro ou néant.

Quelque grand que soit un espace, on peut en concevoir un plus grand, et encore un qui le soit davantage; et ainsi à l'infini, sans jamais arriver à un qui ne puisse plus être augmenté. Et au contraire, quelque petit que soit un espace, on peut encore
25 en considérer un moindre, et toujours à l'infini, sans jamais arriver à un indivisible qui n'ait plus aucune étendue.

Il en est de même du temps. On peut toujours en concevoir

un plus grand sans dernier, et un moindre, sans arriver à un
instant et à un pur néant de durée.

30   C'est-à-dire, en un mot, que quelque mouvement, quelque
nombre, quelque espace, quelque temps que ce soit, il y en a
toujours un plus grand et un moindre : de sorte qu'ils se soutiennent tous entre le néant et l'infini, étant toujours infiniment éloignés de ces extrêmes. [...] **(1)**

SECTION II : **De l'art de persuader.**

[Après avoir nettement montré la différence entre l'art de
convaincre, qui s'adresse à l'entendement, et l'art de persuader, qui
s'adresse à la volonté, « voie [...] basse, indigne et étrangère », que
« tout le monde désavoue », Pascal affirme que « ces deux puissances,
l'esprit et la volonté (ou le cœur), ont chacune leurs principes et
les premiers moteurs de leurs actions ».]

Or, de ces deux méthodes, l'une de convaincre, l'autre
d'agréer, je ne donnerai ici que les règles de la première; et
encore au cas qu'on ait accordé les principes et qu'on demeure
ferme à les avouer : autrement je ne sais s'il y aurait un art

5   pour accommoder les preuves à l'inconstance de nos caprices.
Mais la manière d'agréer est bien sans comparaison plus difficile, plus subtile, plus utile et plus admirable[1]; aussi, si je n'en
traite pas, c'est parce que je n'en suis pas capable; et je m'y
sens tellement disproportionné, que je crois la chose absolu-

10 ment impossible.
Ce n'est pas que je ne croie qu'il y ait des règles aussi sûres
pour plaire que pour démontrer, et que qui les saurait parfaitement connaître et pratiquer ne réussit aussi sûrement à se
faire aimer des rois et de toutes sortes de personnes, qu'à démon-

15 trer les éléments de la géométrie à ceux qui ont assez d'imagination pour en comprendre les hypothèses. [...] **(2)**

---

1. *Admirable* : étonnant.

──────── **QUESTIONS** ────────

1. Montrez la rigueur scientifique de cette page et la clarté de la démonstration. Cette démonstration porte-t-elle directement sur l'existence des
deux infinis? Montrez qu'il s'agit plus exactement de nier le fini comme
existant absolument. — Complétez votre démonstration à la lumière de
la formule de Malebranche : « Nous avons toujours du mouvement pour
aller plus loin », répondant au principe aristotélicien : « Il est nécessaire
de s'arrêter quelque part. » — Quel est l'intérêt, du point de vue des
Pensées, de la dernière phrase de cet extrait (lignes 30-34)?
2. Étudiez la prudence avec laquelle Pascal aborde l'art de plaire. Pourquoi refuse-t-il de le définir? — Montrez que, cependant, il en pressent
les règles et la grandeur.

PENSÉES

LES PRINCIPES DE L'ART DE PERSUADER

Différence entre l'esprit de géométrie et l'esprit de finesse.

512 (1)   ● PNC. Série XXII.

Différence entre l'esprit de géométrie et l'esprit de finesse[1].

En l'un les principes[2] sont palpables mais éloignés de l'usage
commun de sorte qu'on a peine à tourner la tête de ce côté-là,
manque d'habitude : mais pour peu qu'on l'y tourne, on voit
5 les principes à plein; et il faudrait avoir tout à fait l'esprit
faux pour mal raisonner sur des principes si gros[3] qu'il est
presque impossible qu'ils échappent.

Mais dans l'esprit de finesse, les principes sont dans l'usage
commun et devant les yeux de tout le monde. On n'a que
10 faire de tourner la tête, ni de se faire violence; il n'est question
que d'avoir bonne vue, mais il faut l'avoir bonne : car les
principes sont si déliés[4] et en si grand nombre, qu'il est presque
impossible qu'il n'en échappe. Or l'omission d'un principe
mène à l'erreur; ainsi il faut avoir la vue bien nette pour voir
15 tous les principes, et ensuite l'esprit juste pour ne pas raisonner faussement sur des principes connus.

Tous les géomètres seraient donc fins s'ils avaient la vue
bonne, car ils ne raisonnent pas faux sur les principes qu'ils
connaissent. Et les esprits fins seraient géomètres s'ils pouvaient
20 plier leur vue vers les principes inaccoutumés de géométrie.

Ce qui fait donc que certains esprits fins ne sont pas géomètres, c'est qu'ils ne peuvent du tout se tourner vers les principes de géométrie, mais ce qui fait que des géomètres ne sont
pas fins, c'est qu'ils ne voient pas ce qui est devant eux et
25 qu'étant accoutumés aux principes nets et grossiers de géométrie et à ne raisonner qu'après avoir bien vu et manié leurs
principes, ils se perdent dans les choses de finesse, où les principes ne se laissent pas ainsi manier. On les voit à peine, on les

---

1. Pascal distingue deux familles d'esprits : les *logiciens* et les *intuitifs*; **2.** *Principes* : axiomes et définitions; **3.** *Gros :* simples et clairs; **4.** *Déliés :* subtils.

sent plutôt qu'on ne les voit, on a des peines infinies à les
30 faire sentir à ceux qui ne les sentent pas d'eux-mêmes. Ce sont
choses tellement délicates, et si nombreuses, qu'il faut un sens
bien délicat et bien net pour les sentir et juger droit et juste,
selon ce sentiment, sans pouvoir le plus souvent le démontrer
par ordre[1] comme en géométrie, parce qu'on n'en possède pas
35 ainsi les principes, et que ce serait une chose infinie de l'entreprendre. Il faut tout d'un coup voir la chose, d'un seul regard
et non pas par progrès de raisonnement, au moins jusqu'à
un certain degré. Et ainsi il est rare que les géomètres soient
fins et que les fins soient géomètres, à cause que les géomètres
40 veulent traiter géométriquement ces choses fines et se rendent
ridicules, voulant commencer par les définitions et ensuite par
les principes, ce qui n'est pas la manière d'agir en cette sorte
de raisonnement. Ce n'est pas que l'esprit ne le fasse mais il
le fait tacitement, naturellement et sans art[3]. Car l'expression
45 en passe tous les hommes, et le sentiment n'en appartient qu'à
peu d'hommes. Et les esprits fins au contraire, ayant ainsi
accoutumé à juger d'une seule vue, sont si étonnés quand on
leur présente des propositions où ils ne comprennent rien et
où pour entrer il faut passer par des définitions et des prin-
50 cipes si stériles qu'ils n'ont point accoutumé de voir ainsi en
détail, qu'ils s'en rebutent et s'en dégoûtent.

Mais les esprits faux ne sont jamais ni fins, ni géomètres.

Les géomètres, qui ne sont que géomètres, ont donc l'esprit
droit, mais pourvu qu'on leur explique bien toutes choses
55 par définitions et principes; autrement ils sont faux et insup-
portables, car ils ne sont droits que sur les principes bien éclaircis.

Et les fins qui ne sont que fins ne peuvent avoir la patience
de descendre jusques dans les premiers principes des choses
spéculatives et d'imagination qu'ils n'ont jamais vues dans le
60 monde, et tout à fait hors d'usage.

513 (4)

Géométrie. Finesse.

La vraie éloquence se moque de l'éloquence, la vraie morale
se moque de la morale. C'est-à-dire que la morale du jugement
se moque de la morale de l'esprit qui est sans règles[4].

---

1. En suivant un enchaînement logique; 2. D'un seul coup; 3. Sans règles tech-
niques; 4. *Qui est sans règles* se rattache vraisemblablement à *la morale du jugement.*

65 Car le jugement est celui à qui appartient le sentiment,
comme les sciences appartiennent à l'esprit. La finesse est la
part du jugement, la géométrie est celle de l'esprit.

Se moquer de la philosophie, c'est vraiment philosopher. (3)

LES APPLICATIONS

A. L'invention.

[1° Rester en contact avec le concret.]

745 (18 *bis*)   ● PNC. Série XXVI.

La manière d'écrire d'Épictète[1], de Montaigne et de Salomon de Tultie[2] est la plus d'usage qui s'insinue le mieux, qui
demeure plus dans la mémoire et qui se fait le plus citer, parce
qu'elle est toute composée de pensées nées sur les entretiens
5 ordinaires de la vie.

[2° Intéresser l'amour-propre.]

652 (14)   ● PNC. Série XXV.

Quand un discours naturel peint une passion ou un effet,
on trouve dans soi-même la vérité de ce qu'on entend, laquelle

---

1. *Épictète* : philosophe stoïcien (Ier siècle après J.-C.), dont la pensée est connue
par les *Entretiens* et le *Manuel* rédigés par son disciple Arrien; **2.** Anagramme de
Louis de Montalte, pseudonyme sous lequel Pascal avait écrit les *Provinciales*,
désigne Pascal lui-même.

─────── **QUESTIONS** ───────

3. SUR LES PRINCIPES DE L'ART DE PERSUADER (fragments 512 ET 513).
— Étudiez la sûreté avec laquelle Pascal, reprenant la distinction de Méré,
approfondit son analyse. Montrez qu'ici, contrairement à ce que pré-
sentait l'extrait précédent (« De l'esprit géométrique »), il pousse sa
définition de l'esprit de finesse aussi loin que possible. — Quel plan
suit-il? — Étudiez l'emploi du vocabulaire des sensations. — Pouvez-
vous citer quelques penseurs de génie en qui se sont conciliés esprit de
géométrie et esprit de finesse? — Esprit de finesse et « honnêteté ». —
Quelle distinction Pascal établit-il entre le jugement et l'esprit? — Sous-
crivez-vous entièrement à l'assertion de Pascal : *Se moquer de la philosophie, c'est vraiment philosopher?* (ligne 68). — Comparez les idées
exprimées par Pascal au texte suivant du chevalier de Méré : « Pour
ce qui est des justesses, j'en trouve de deux sortes, qui font toujours de
bons effets. L'une consiste à voir les choses comme elles sont et sans les
confondre : pour peu que l'on y manque en parlant, et même en agissant,
cela se connaît; elle dépend de l'esprit et de l'intelligence. L'autre justesse paraît à juger de la bienséance et à connaître en de certaines
mesures jusqu'où l'on doit aller, et quand il se faut arrêter. Celle-ci,
qui vient principalement du goût et du sentiment, me semble plus dou-
teuse et plus difficile » (Méré, *Discours des agréments*, tome premier).

on ne savait pas qu'elle y fût, de sorte qu'on est porté à aimer
celui qui nous la fait sentir, car il ne nous a point fait montre
10 de son bien mais du nôtre. Et ainsi ce bienfait nous le rend
aimable, outre que cette communauté d'intelligence que nous
avons avec lui incline nécessairement le cœur à l'aimer.

[3° Ménager l' « orgueil de la pensée ».]

701 (9)   ● PNC. Série XXV.

Quand on veut reprendre avec utilité et montrer à un autre
qu'il se trompe, il faut observer par quel côté il envisage la
15 chose — car elle est vraie ordinairement de ce côté-là — et
lui avouer[1] cette vérité, mais lui découvrir le côté par où elle
est fausse. Il se contente de cela, car il voit qu'il ne se trompait
pas et qu'il y manquait seulement à voir tous les côtés. Or on
ne se fâche pas de ne pas tout voir, mais on ne veut pas être
20 trompé, et peut-être cela vient de ce que naturellement l'homme
ne peut tout voir, et de ce que naturellement il ne se peut
tromper dans le côté qu'il envisage, comme les appréhensions
des sens sont toujours vraies.

[4° Difficultés de l'entreprise : savoir se taire à propos.]

529 (105)   ● PNC. Série XXIII.

Qu'il est difficile de proposer une chose au jugement d'un
25 autre sans corrompre son jugement par la manière de la lui
proposer. Si on dit : je le trouve beau, je le trouve obscur
ou autre chose semblable, on entraîne l'imagination ou le
jugement ou on l'irrite au contraire. Il vaut mieux ne rien
dire et alors il juge selon ce qu'il est, c'est-à-dire selon ce qu'il
30 est alors, et selon que les autres circonstances dont on n'est
pas auteur y auront mis. Mais au moins on n'y aura rien mis,
si ce n'est que ce silence n'y fasse aussi son effet, selon le tour
et l'interprétation qu'il sera en humeur de lui donner, ou selon
qu'il le conjecturera des mouvements et air du visage, ou du
35 ton de voix selon qu'il sera physionomiste, tant il est difficile
de ne point démonter un jugement de son assiette naturelle,
ou plutôt tant il en a peu de ferme et stable.

---

1. *Avouer :* reconnaître, concéder.

B. La disposition.

696 (22)   ● PNC. Série XXV.

Qu'on ne dise pas que je n'ai rien dit de nouveau, la disposition des matières est nouvelle. Quand on joue à la paume
40 c'est une même balle dont joue l'un et l'autre, mais l'un la
place mieux.

J'aimerais autant qu'on me dise que je me suis servi des
mots anciens. Et comme si les mêmes pensées ne formaient
pas un autre corps de discours par une disposition différente,
45 aussi bien que les mêmes mots forment d'autres pensées par
leur différente disposition!

C. Le style.

515 (48)   ● PNC. Série XXI.

Miscell[1].

Quand dans un discours se trouvent des mots répétés et
qu'essayant de les corriger on les trouve si propres qu'on
50 gâterait le discours, il les faut laisser, c'en est la marque. Et
c'est là la part de l'envie qui est aveugle et qui ne sait pas que
cette répétition n'est pas faute en cet endroit, car il n'y a point
de règle générale.

559 (27)   ● PNC. Série XXII.

Miscellan[1]. *Langage*.

55 Ceux qui font les antithèses en forçant les mots sont comme
ceux qui font de fausses fenêtres pour la symétrie.

Leur règle n'est pas de parler juste mais de faire des figures
justes.

675 (29)   ● PNC. Série XXV.

Style. Quand on voit le style naturel on est tout étonné et
60 ravi, car on s'attendait de voir un auteur et on trouve un
homme. Au lieu que ceux qui ont le goût bon et qui en voyant
un livre croient trouver un homme sont tout surpris de trouver
un auteur. *Plus poetice quam humane locutus es*[2].

Ceux-là honorent bien la nature qui lui apprennent qu'elle
65 peut parler de tout, et même de théologie.

---

1. *Miscellanea* : pensées diverses; 2. « Tu as parlé en poète plus qu'en homme. »
(Pétrone, *Satiricon*, 90).

D. **L'honnêteté.**

605 (36)   ● PNC. Série XXIV.

L'homme est plein de besoins. Il n'aime que ceux qui peuvent les remplir tous. C'est un bon mathématicien dira-t-on, mais je n'ai que faire de mathématique; il me prendrait pour une proposition. C'est un bon guerrier : il me prendrait pour une
70 place assiégée. Il faut donc un honnête homme qui puisse s'accommoder à tous mes besoins généralement.

667 (25)   ● PNC. Série XXV.

Éloquence. Il faut de l'agréable et du réel, mais il faut que cet agréable soit lui-même pris du vrai.

647 (35)   ● PNC. Série XXV.

Honnête homme. Il faut qu'on n'en puisse [dire] ni : « il
75 est mathématicien », ni « prédicateur », ni « éloquent » mais « il est honnête homme ». Cette qualité universelle me plaît seule. Quand en voyant un homme on se souvient de son livre, c'est mauvais signe. Je voudrais qu'on ne s'aperçût d'aucune qualité que par la rencontre et l'occasion d'en user, *ne quid*
80 *nimis*[1], de peur qu'une qualité ne l'emporte et ne fasse baptiser; qu'on ne songe point qu'il parle bien, sinon quand il s'agit de bien parler, mais qu'on y songe alors. (4)

_____

1. *Ne quid nimis :* rien de trop. Traduction latine de la formule grecque qui résumait l'idéal de la sagesse antique.

——— **QUESTIONS** ———————————

4. SUR LES APPLICATIONS DE L'ART DE PERSUADER (fragments 745 à 647). — Quels rapports Pascal discerne-t-il entre la psychologie et l'éloquence? Étudiez le soin constant qu'il met à reconnaître et à ménager les moindres nuances de la vie intérieure. — Importance de la notion d'ordre; montrez-en la complexité : ordre de la nature, de l'esprit, du cœur. — Quelles sont les qualités fondamentales du style selon Pascal? Qu'entend-il exactement par *style naturel?* — En joignant aux indications de Pascal et de Méré des réflexions que vous emprunterez à La Rochefoucauld et à La Bruyère, tracez le portrait de l' « honnête homme » tel que le conçoit le XVIIᵉ siècle. — Pouvez-vous imaginer comment Pascal mettait en pratique sa définition de l'honnête homme d'après le témoignage suivant de Gilberte Périer : « Il voulait qu'un honnête homme évitât de se nommer et même de se servir des mots de *je* ou de *moi*. Ce qu'il avait coutume de dire sur ce sujet est que « la piété chrétienne anéantit le moi humain et que la civilité humaine le cache et le supprime ». Il concevait cela comme une règle, et c'est justement ce qu'il pratiquait » (Gilberte Périer, *Vie de Pascal*).

FRAGMENT PRÉLIMINAIRE

A qui s'adresse l' « Apologie »? — Gravité de la question posée.

427 (194)   ● PNC. Série III.

... Qu'ils apprennent au moins quelle est la religion qu'ils combattent avant que de la combattre. Si cette religion se vantait d'avoir une vue claire de Dieu, et de le posséder à découvert et sans voile, ce serait la combattre que de dire qu'on
5 ne voit rien dans le monde qui le montre avec cette évidence. Mais puisqu'elle dit, au contraire, que les hommes sont dans les ténèbres et dans l'éloignement de Dieu, qu'il s'est caché à leur connaissance, que c'est même le nom qu'il se donne dans les Écritures, *Deus absconditus ;* et, enfin, si elle travaille
10 également à établir ces deux choses : que Dieu a établi des marques sensibles dans l'Église pour se faire reconnaître à ceux qui le chercheraient sincèrement ; et qu'il les a couvertes néanmoins de telle sorte qu'il ne sera aperçu que de ceux qui le cherchent de tout leur cœur, quel avantage peuvent-ils
15 tirer, lorsque dans la négligence où ils font profession d'être de chercher la vérité, ils crient que rien ne la leur montre, puisque cette obscurité où ils sont, et qu'ils objectent à l'Église, ne fait qu'établir une des choses qu'elle soutient, sans toucher à l'autre, et établit sa doctrine, bien loin de la ruiner ?
20 Il faudrait, pour la combattre, qu'ils criassent qu'ils ont fait tous leurs efforts pour la chercher partout, et, même dans ce que l'Église propose pour s'en instruire, mais sans aucune satisfaction. S'ils parlaient de la sorte, ils combattraient à la vérité une de ses prétentions. Mais j'espère montrer ici qu'il
25 n'y a personne raisonnable[1] qui puisse parler de la sorte ; et j'ose même dire que jamais personne ne l'a fait. On sait assez de quelle manière agissent ceux qui sont dans cet esprit. Ils croient avoir fait de grands efforts pour s'instruire, lorsqu'ils ont employé quelques heures à la lecture de quelque livre de
30 l'Écriture, et qu'ils ont interrogé quelque ecclésiastique sur les vérités de la foi. Après cela, ils se vantent d'avoir cherché sans succès dans les livres et parmi les hommes. Mais, en

---

1. Pascal construit assez souvent *personne*, indéfini, avec un adjectif épithète.

vérité, je leur dirais ce que j'ai dit souvent, que cette négligence
n'est pas supportable. Il ne s'agit pas ici de l'intérêt léger de
35 quelque personne étrangère, pour en user de cette façon; il
s'agit de nous-mêmes, et de notre tout.

L'immortalité de l'âme est une chose qui nous importe si
fort, qui nous touche si profondément, qu'il faut avoir perdu
tout sentiment pour être dans l'indifférence de savoir ce qui
40 en est. Toutes nos actions et nos pensées doivent prendre des
routes si différentes, selon qu'il y aura des biens éternels à
espérer ou non, qu'il est impossible de faire une démarche
avec sens et jugement, qu'[1]en les réglant par la vue de ce point,
qui doit être notre dernier objet[2].

45 Ainsi notre premier intérêt et notre premier devoir est de
nous éclaircir sur ce sujet, d'où dépend toute notre conduite.
Et c'est pourquoi, entre ceux qui n'en sont pas persuadés,
je fais une extrême différence de ceux qui travaillent de toutes
leurs forces à s'en instruire, à ceux qui vivent sans s'en mettre
50 en peine et sans y penser.

Je ne puis avoir que de la compassion pour ceux qui
gémissent sincèrement dans ce doute, qui le regardent comme
le dernier des malheurs, et qui, n'épargnant rien pour en sortir,
font de cette recherche leurs principales et leurs plus sérieuses
55 occupations.

Mais pour ceux qui passent leur vie sans penser à cette
dernière fin de la vie, et qui, par cette seule raison qu'ils ne
trouvent pas en eux-mêmes les lumières qui les en persuadent[3],
négligent de les chercher ailleurs, et d'examiner à fond si cette
60 opinion est de celles que le peuple reçoit par une simplicité
crédule, ou de celles qui, quoique obscures d'elles-mêmes,
ont néanmoins un fondement très solide et inébranlable, je
les considère d'une manière toute différente.

Cette négligence en une affaire où il s'agit d'eux-mêmes,
65 de leur éternité, de leur tout, m'irrite plus qu'elle ne m'atten-
drit; elle m'étonne et m'épouvante : c'est un monstre pour
moi. Je ne dis pas ceci par le zèle pieux d'une dévotion spirituelle. J'entends au contraire qu'on doit avoir ce sentiment
par un principe d'intérêt humain et par un intérêt d'amour-
70 propre : il ne faut pour cela que voir ce que voient les personnes les moins éclairées.

---

1. *Qu'en les réglant :* sinon en les réglant; **2.** *Objet :* ce que l'on a devant les yeux;
3. *Persuadent*, au subjonctif : capables de les en persuader.

Il ne faut pas avoir l'âme fort élevée pour comprendre qu'il n'y a point ici[1] de satisfaction véritable et solide, que tous nos plaisirs ne sont que vanité, que nos maux sont infinis,
75 et qu'enfin la mort, qui nous menace à chaque instant, doit infailliblement nous mettre, dans peu d'années, dans l'horrible nécessité d'être éternellement ou anéantis ou malheureux.

Il n'y a rien de plus réel que cela, ni de plus terrible. Faisons tant que nous voudrons les braves : voilà la fin qui attend
80 la plus belle vie du monde. Qu'on fasse réflexion là-dessus, et qu'on dise ensuite s'il n'est pas indubitable qu'il n'y a de bien en cette vie qu'en l'espérance d'une autre vie, qu'on n'est heureux qu'à mesure qu'on s'en approche, et que, comme il n'y aura plus de malheurs pour ceux qui avaient une entière
85 assurance de l'éternité, il n'y a point aussi[2] de bonheur pour ceux qui n'en ont aucune lumière.

C'est donc assurément un grand mal que d'être dans ce doute; mais c'est au moins un devoir indispensable de chercher, quand on est dans ce doute; et ainsi celui qui doute et
90 qui ne recherche pas est tout ensemble et bien malheureux et bien injuste. Que s'il est avec cela tranquille et satisfait, qu'il en fasse profession[3], et enfin qu'il en fasse le sujet de sa joie et de sa vanité, je n'ai point de termes pour qualifier une si extravagante créature.

95 Où peut-on prendre ces sentiments? Quel sujet de joie trouve-t-on à n'attendre plus que des misères sans ressources? Quel sujet de vanité de se voir dans des obscurités impénétrables, et comment se peut-il faire que ce raisonnement se passe dans un homme raisonnable?

100 « Je ne sais qui m'a mis au monde, ni ce que c'est que le monde, ni que moi-même; je suis dans une ignorance terrible de toutes choses; je ne sais ce que c'est que mon corps, que mes sens, que mon âme et cette partie même de moi qui pense ce que je dis, qui fait réflexion sur tout et sur elle-même, et
105 ne se connaît non plus que le reste.

« Je vois ces effroyables espaces de l'univers qui m'enferment, et je me trouve attaché à un coin de cette vaste étendue, sans que je sache pourquoi je suis plutôt placé en ce lieu qu'en un autre, ni pourquoi ce peu de temps qui m'est donné à vivre
110 m'est assigné à ce point plutôt qu'à un autre de toute l'éternité

---

1. *Ici* : en ce monde; 2. Il n'y a pas non plus; 3. *Faire profession* : se vanter.

qui m'a précédé et de toute celle qui me suit. Je ne vois que
des infinités de toutes parts, qui m'enferment comme un atome
et comme une ombre qui ne dure qu'un instant sans retour.
Tout ce que je connais est que je dois bientôt mourir; mais
115 ce que j'ignore le plus est cette mort même que je ne saurais
éviter.

« Comme je ne sais d'où je viens, aussi je ne sais où je vais;
et je sais seulement qu'en sortant de ce monde je tombe pour
jamais ou dans le néant, ou dans les mains d'un Dieu irrité,
120 sans savoir à laquelle de ces deux conditions je dois être éternellement en partage. Voilà mon état, plein de faiblesse et
d'incertitude. Et, de tout cela, je conclus que je dois donc
passer tous les jours de ma vie sans songer à chercher ce qui
doit m'arriver. Peut-être que je pourrais trouver quelque
125 éclaircissement dans mes doutes; mais je n'en veux pas prendre
la peine, ni faire un pas pour le chercher; et après, en traitant
avec mépris ceux qui se travailleront de ce soin, — (quelque
certitude qu'ils en eussent, c'est un sujet de désespoir, plutôt
que de vanité) — je veux aller, sans prévoyance et sans crainte,
130 tenter[1] un si grand événement, et me laisser mollement conduire
à la mort, dans l'incertitude de l'éternité de ma condition
future. »

Qui souhaiterait d'avoir pour ami un homme qui discourt
de cette manière? qui le choisirait entre les autres pour lui
135 communiquer ses affaires? qui aurait recours à lui dans ses
afflictions? et enfin à quel usage de la vie on le pourrait destiner?

En vérité, il est glorieux à la religion d'avoir pour ennemis
des hommes si déraisonnables; et leur opposition lui est si
peu dangereuse, qu'elle sert au contraire à l'établissement de
140 ses vérités. Car la foi chrétienne ne va presque qu'à établir
ces deux choses : la corruption de la nature et la rédemption
de Jésus Christ. Or, je soutiens, que s'ils[2] ne servent pas à montrer la vérité de la rédemption par la sainteté de leurs mœurs,
ils servent au moins admirablement à montrer la corruption
145 de la nature, par des sentiments si dénaturés.

Rien n'est si important à l'homme que son état, rien ne lui
est si redoutable que l'éternité. Et ainsi, qu'il se trouve des
hommes indifférents à la perte de leur être et au péril d'une
éternité de misères, cela n'est point naturel. Ils sont tout autres

---

1. *Tenter* : ici, risquer; 2. *Ils* : ces « hommes si déraisonnables ».

150 à l'égard de toutes les autres choses : ils craignent jusqu'aux
plus légères, ils les prévoient, ils les sentent; et ce même homme
qui passe tant de jours et de nuits dans la rage et dans le désespoir pour la perte d'une charge ou pour quelque offense ima-
ginaire à son honneur, c'est celui-là même qui sait qu'il va
155 tout perdre par la mort, sans inquiétude et sans émotion.
C'est une chose monstrueuse de voir dans un même cœur et
en même temps cette sensibilité pour les moindres choses et
cette étrange insensibilité pour les plus grandes. C'est un
enchantement[1] incompréhensible, et un assoupissement sur-
160 naturel, qui marque une force toute-puissante qui le cause.

Il faut qu'il y ait un étrange renversement dans la nature
de l'homme pour faire gloire[2] d'être dans cet état, dans lequel
il semble incroyable qu'une seule personne puisse être. Cependant l'expérience m'en fait voir un si grand nombre, que cela
165 serait surprenant si nous ne savions que la plupart de ceux qui
s'en mêlent se contrefont et ne sont pas tels en effet. Ce sont
des gens qui ont ouï dire que les belles manières du monde
consistent à faire ainsi l'emporté[3]. C'est ce qu'ils appellent
avoir secoué le joug, et qu'ils essayent d'imiter. Mais il ne
170 serait pas difficile de leur faire entendre combien ils s'abusent
en cherchant par là de l'estime. Ce n'est pas le moyen d'en
acquérir, je dis même parmi les personnes du monde qui
jugent sainement des choses et qui savent que la seule voie d'y
réussir est de se faire paraître honnête, fidèle, judicieux[4] et
175 capable de servir utilement son ami, parce que les hommes
n'aiment naturellement que ce qui peut leur être utile. Or,
quel avantage y a-t-il pour nous à ouïr dire à un homme qu'il
a donc secoué le joug, qu'il ne croit pas qu'il y ait un Dieu
qui veille sur ses actions, qu'il se considère comme seul maître
180 de sa conduite, et qu'il ne pense en rendre compte qu'à soi-
même? Pense-t-il nous avoir porté par là à avoir désormais
bien de la confiance en lui, et en attendre des consolations,
des conseils et des secours dans tous les besoins de la vie?
Prétendent-ils nous avoir bien réjoui, de nous dire qu'ils tiennent
185 que notre âme n'est qu'un peu de vent et de fumée, et encore
de nous le dire d'un ton de voix fier et content? Est-ce donc

---

1. *Enchantement :* envoûtement magique. Le sens est naturellement péjoratif;
2. *Faire gloire :* se faire gloire; 3. Les gens de cette sorte, dit Pascal, « sont acadé-
mistes [élèves d'une académie], écoliers [imitateurs du « bon air »], et c'est le plus
méchant caractère d'homme que je connaisse »; 4. *Judicieux :* qui a du jugement.

une chose à dire gaiement? et n'est-ce pas une chose à dire
tristement, au contraire, comme la chose du monde la plus
triste?

190 S'ils y pensaient sérieusement, ils verraient que cela est
si mal pris, si contraire au bon sens, si opposé à l'honnêteté,
et si éloigné en toutes manières de ce bon air qu'ils cherchent,
qu'ils seraient plutôt capables de redresser que de corrompre
ceux qui auraient quelque inclination à les suivre. Et, en effet,
195 faites-leur rendre compte de leurs sentiments et des raisons
qu'ils ont de douter de la religion; ils vous diront des choses
si faibles et si basses, qu'ils vous persuaderont du contraire.
C'était ce que leur disait un jour fort à propos une personne :
« Si vous continuez à discourir de la sorte, leur disait-il[1], en
200 vérité vous me convertirez. » Et il avait raison, car qui n'aurait
horreur de se voir dans des sentiments où l'on a pour compa-
gnons des personnes si méprisables?

Ainsi ceux qui ne font que feindre ces sentiments seraient
bien malheureux de contraindre leur naturel pour se rendre
205 les plus impertinents des hommes. S'ils sont fâchés dans le
fond de leur cœur de n'avoir pas plus de lumière, qu'ils ne le
dissimulent pas : cette déclaration ne sera point honteuse. Il
n'y a de honte qu'à n'en point avoir. Rien n'accuse davantage
une extrême faiblesse d'esprit que de ne pas connaître quel
210 est le malheur d'un homme sans Dieu; rien ne marque davantage une mauvaise disposition du cœur que de ne pas souhaiter
la vérité des promesses éternelles; rien n'est plus lâche que de
faire le brave contre Dieu. Qu'ils laissent donc ces impiétés
à ceux qui sont assez mal nés pour en être véritablement
215 capables; qu'ils soient au moins honnêtes gens qu'ils ne peuvent
être chrétiens, et qu'ils reconnaissent enfin qu'il n'y a que deux
sortes de personnes qu'on puisse appeler raisonnables : ou
ceux qui servent Dieu de tout leur cœur parce qu'ils le
connaissent, ou ceux qui le cherchent de tout leur cœur parce
220 qu'ils ne le connaissent pas.

Mais pour ceux qui vivent sans le connaître et sans le chercher, ils se jugent eux-mêmes si peu dignes de leur soin, qu'ils
ne sont pas dignes du soin des autres et qu'il faut avoir toute
la charité de la religion qu'ils méprisent pour ne les pas mépri-
225 ser jusqu'à les abandonner dans leur folie. Mais, parce que

---

1. *Leur disait-il :* le pronom sujet *il* représente « une personne » (accord par syllepse).

cette religion nous oblige de les regarder toujours, tant qu'ils seront en cette vie, comme capables de la grâce qui peut les éclairer, et de croire qu'ils peuvent être dans peu de temps plus remplis de foi que nous ne sommes, et que nous pouvons
230 au contraire tomber dans l'aveuglement où ils sont, il faut faire pour eux ce que nous voudrions qu'on fît pour nous si nous étions à leur place, et les appeler à avoir pitié d'eux-mêmes, et à faire au moins quelques pas pour tenter s'ils ne trouveront pas de lumières. Qu'ils donnent à cette lecture quelques-unes
235 de ces heures qu'ils emploient si inutilement ailleurs : quelque aversion qu'ils y apportent, peut-être rencontreront-ils quelque chose, et pour le moins ils n'y perdront pas beaucoup. Mais pour ceux qui y apporteront une sincérité parfaite et un véritable désir de rencontrer la vérité, j'espère qu'ils auront satis-
240 faction, et qu'ils seront convaincus des preuves d'une religion si divine, que j'ai ramassées ici, et dans lesquelles j'ai suivi à peu près cet ordre. (5)

───────── **QUESTIONS** ─────────

5. Peut-on, d'après cette page, imaginer les milieux « libertins » au temps de Pascal? — Relevez tous les procédés utilisés par Pascal pour manifester ses sentiments à l'égard des « esprits forts ». — Étudiez le passage de l'indignation à la compassion. — La netteté avec laquelle il définit son entreprise. — La vision tragique de l'homme et du monde chez Pascal.

I. ORDRE (1-12)

[On sait la place que tient la notion d'ordre dans l'esprit de Pascal.]

2 (227)

Ordre par dialogues.
Que dois-je faire? Je ne vois partout qu'obscurités.
Croirai-je que je ne suis rien? Croirai-je que je suis dieu?

3 (227 et 244)

Toutes choses changent et se succèdent.
5 — Vous vous trompez, il y a...
Et quoi, ne dites-vous pas vous-même que le ciel et les oiseaux prouvent Dieu? — Non. — Et votre religion ne le dit-elle pas? — Non. Car encore que cela est vrai en un sens pour quelques âmes à qui Dieu donna cette lumière, néanmoins cela
10 est faux à l'égard de la plupart.

4 (184)

Lettre pour porter à rechercher Dieu.
Et puis le faire chercher chez les philosophes, pyrrhoniens et dogmatistes qui travailleront celui qui le recherche.

5 (247)

Ordre.
15 Une lettre d'exhortation à un ami pour le porter à chercher.
Et il répondra : mais à quoi me servira de chercher, rien ne paraît. Et lui répondre : ne désespérez pas. Et il répondrait qu'il serait heureux de trouver quelque lumière. Mais que selon cette religion même quand il croirait ainsi cela ne lui
20 servirait de rien. Et qu'ainsi il aime autant ne point chercher. Et à cela lui répondre : La Machine[1].

6 (60)

1re Partie. Misère de l'homme sans Dieu.
2e Partie. Félicité de l'homme avec Dieu.

---

1. Pascal reprend l'expression de Descartes, en appliquant au corps humain ce que celui-ci dit des animaux. Il faut plier le corps pour ôter les obstacles qui viennent du corps (les passions).

Autrement :

25   *1ʳᵉ Partie*. Que la nature est corrompue, par la nature même.

2ᵉ Partie. Qu'il y a un Réparateur, par l'Écriture.

7 (248)

Lettre qui marque l'utilité des preuves. Par la Machine.
La foi est différente de la preuve. L'une est humaine et
l'autre est un don de Dieu. *Justus ex fide vivit*[1]. C'est de cette
30 foi que Dieu lui-même met dans le cœur, dont la preuve est
souvent l'instrument, *fides ex auditu*[2], mais cette foi est dans
le cœur et fait dire non *scio* mais *Credo*.

12 (187)

Ordre.

Les hommes ont mépris pour la religion. Ils en ont haine
35 et peur qu'elle soit vraie. Pour guérir cela il faut commencer
par montrer que la religion n'est point contraire à la raison.
Vénérable, en donner respect.

La rendre ensuite aimable, faire souhaiter aux bons qu'elle
fût[3] vraie et puis montrer qu'elle est vraie.
40   Vénérable parce qu'elle a bien connu l'homme.
Aimable parce qu'elle promet le vrai bien. (6)

---

1. Saint Paul (Épître aux Romains, I, 17) : « Le juste vit de la foi »; **2.** Saint Paul
(Épître aux Romains, X. 17) : « La foi vient d'avoir entendu »; **3.** Le subjonctif
imparfait a la valeur d'un conditionnel.

──────── **QUESTIONS** ────────

6. SUR LES FRAGMENTS RELATIFS À L' « ORDRE ». — Quelles sont les
deux formes littéraires auxquelles Pascal songe pour la rédaction définitive de son ouvrage? Sont-elles conciliables? — Montrez comment,
allant d'un seul coup aux extrêmes, il présente l'homme comme enfermé
dans un tragique dilemme, pris entre rien et tout? — Comment l'apologétique pascalienne s'oppose-t-elle aux argumentations des apologistes
traditionnels, qui voyaient dans les merveilles de la création une preuve
de l'existence de Dieu? A quelle doctrine philosophique se rattache la
phrase *Toutes choses changent et se succèdent?* (ligne 4). — Dans l'expression *Car encore que cela est vrai* (ligne 8), quelle nuance introduit dans
cette proposition l'emploi de l'indicatif (aujourd'hui strictement incor-
rect)? — Soulignez et précisez le rôle très important que Pascal attribue
à la *machine* dans la recherche de la *lumière*. — Étudiez la netteté avec
laquelle Pascal indique d'abord le plan d'ensemble de son *Apologie*,
ensuite les divisions de sa première partie (fragment 12). — Étudiez la
définition de la foi que donne ici Pascal.

● II. VANITÉ (13-52)

[Pascal place l'homme en face de lui-même. Impitoyable procès-verbal de carence, de *vide* (vanité). Dans les moindres manifestations de sa vie psychologique et sociale, dans ses joies et ses haines, dans ses jugements comme dans ses actions, l'analyse révèle la misère de la nature humaine.

Voir Montaigne : « De toutes les vanités, la plus vaine c'est l'homme. »]

13 (133)

Deux visages semblables, dont aucun ne fait rire en particulier, font rire ensemble par leur ressemblance.

21 (381)

Si on est trop jeune, on ne juge pas bien, trop vieil de même.

Si on n'y songe pas assez, si on y songe trop, on s'entête
5 et on s'en coiffe.

Si on considère son ouvrage incontinent[1] après l'avoir fait, on en est encore tout prévenu; si trop longtemps après, on [n'] y entre plus.

Ainsi les tableaux vus de trop loin et de trop près. Et il n'y
10 a qu'un point indivisible qui soit le véritable lieu. Les autres sont trop près, trop loin, trop haut ou trop bas. La perspective l'assigne[2] dans l'art de la peinture, mais dans la vérité et dans la morale qui l'assignera[3]?

23 (67)

Vanité des sciences.

15 La science des choses extérieures ne me consolera pas de l'ignorance de la morale au temps d'affliction, mais la science des mœurs me consolera toujours de l'ignorance des sciences extérieures.

24 (127)

Condition de l'homme.
20 Inconstance, ennui, inquiétude.

---

1. *Incontinent :* immédiatement; 2. Détermine ce point, qui est le véritable lien; 3. Pour le mouvement comme pour l'idée, on trouvera un passage analogue dans Montaigne (II, XII, « Apologie de Raymond Sebond ») : « Au demeurant, qui sera propre à juger de ces différences ? » [entre les impressions sensibles].

25 (308)

La coutume de voir les rois accompagnés de gardes, de tambours, d'officiers et de toutes les choses, qui ploient la machine vers le respect et la terreur, fait que leur visage, quand il est quelquefois seul et sans ses accompagnements, imprime dans leurs sujets le respect et la terreur parce qu'on ne sépare point dans la pensée leurs personnes d'avec leurs suites qu'on y voit d'ordinaire jointes. Et le monde qui ne sait pas que cet effet vient de cette coutume, croit qu'il vient d'une force naturelle. Et de là viennent ces mots : le caractère de la divinité est empreint sur son visage, etc...

26 (330)

La puissance des rois est fondée sur la raison et sur la folie du peuple, et bien plus sur la folie. La plus grande et importante chose du monde a pour fondement la faiblesse. Et ce fondement est admirablement sûr, car il n'y a rien de plus que cela, que le peuple sera faible. Ce qui est fondé sur la saine raison est bien mal fondé, comme l'estime de la sagesse.

27 (354)

La nature de l'homme n'est pas d'aller toujours; elle a ses allées et venues.

La fièvre a ses frissons et ses ardeurs. Et le froid montre aussi bien la grandeur de l'ardeur de la fièvre que le chaud même.

Les inventions des hommes de siècle en siècle vont de même, la bonté et la malice du monde en général en est de même[1].

Plerumque gratae principibus vices[2].

37 (158)

Métiers.

La douceur de la gloire est si grande qu'à quelque objet qu'on l'attache, même à la mort, on l'aime.

38 (71)

Trop et trop peu de vin.

---

1. Cette pensée est développée par Pascal dans la préface de son *Traité du vide ;*
2. Horace, *Odes*, III, XXIX, vers 13, cité par Montaigne (I, XLII) : « Les changements plaisent presque toujours aux grands. »

Ne lui en donnez pas : il ne peut trouver la vérité. Donnez-lui
50 en trop : de même.

39 (141)

Les hommes s'occupent à suivre une balle et un lièvre :
c'est le plaisir même des rois.

44 (82)

Imagination.

C'est cette partie dominante de l'homme, cette maîtresse
55 d'erreur et de fausseté, et d'autant plus fourbe qu'elle ne l'est
pas toujours, car elle serait règle infaillible de vérité, si elle
l'était infaillible du mensonge.

Mais, étant le plus souvent fausse, elle ne donne aucune
marque de sa qualité, marquant du même caractère[1] le vrai
60 et le faux. Je ne parle pas des fous, je parle des plus sages,
et c'est parmi eux que l'imagination a le grand droit de persuader les hommes. La raison a beau crier, elle ne peut mettre
le prix aux choses[2].

Cette superbe[3] puissance ennemie de la raison, qui[4] se plaît
65 à la contrôler et à la dominer, pour montrer[5] combien elle
peut en toutes choses, a établi dans l'homme une seconde
nature. Elle a ses heureux, ses malheureux, ses sains, ses malades,
ses riches, ses pauvres. Elle fait croire, douter, nier la raison[6].
Elle suspend les sens, elle les fait sentir. Elle a ses fous et ses
70 sages. Et rien ne nous dépite davantage que de voir qu'elle
remplit ses hôtes[7] d'une satisfaction bien autrement pleine et
entière que la raison. Les habiles par imagination se plaisent
tout autrement[8] à eux-mêmes que les prudents[9] ne se peuvent
raisonnablement plaire. Ils regardent les gens avec empire,
75 ils disputent avec hardiesse et confiance — les autres avec
crainte et défiance — et cette gaieté de visage leur donne souvent l'avantage dans l'opinion des écoutants, tant les sages
imaginaires ont de faveur auprès des juges de même nature.

---

1. De la même empreinte; 2. Ce n'est pas elle qui établit l'échelle des valeurs;
3. *Superbe :* orgueilleux; 4. *Qui* a pour antécédent *puissance ;* 5. *Pour montrer* dépend
de *a établi ;* 6. *Raison* est sujet des trois infinitifs; 7. *Ses hôtes :* ceux chez qui elle
loge; 8. *Tout autrement :* bien davantage; 9. Les véritables sages.

Elle ne peut rendre sages les fous, mais elle les rend heureux,
80 à l'envi[1] de la raison qui ne peut rendre ses amis que misérables, l'une les couvrant de gloire, l'autre de honte[2].

Qui[3] dispense la réputation, qui donne le respect et la vénération aux personnes, aux ouvrages, aux lois, aux grands,
sinon cette faculté imaginante? Toutes les richesses de la
85 terre [sont] insuffisantes sans son consentement. Ne diriez-
vous pas que ce magistrat dont la vieillesse vénérable impose
le respect à tout un peuple se gouverne par une raison pure
et sublime, et qu'il juge des choses par leur nature sans s'arrêter à ces vaines circonstances qui ne blessent que l'imagination
90 des faibles? Voyez-le entrer dans un sermon[4], où il apporte
un zèle tout dévot renforçant la solidité de sa raison par l'ardeur de sa charité[5]; le voilà prêt à l'ouïr avec un respect
exemplaire. Que le prédicateur vienne à paraître, si la nature
lui [a] donné une voix enrouée et un tour de visage bizarre,
95 que son barbier l'ait mal rasé, si le hasard l'a encore barbouillé
de surcroît, quelque grandes vérités qu'il annonce, je parie la
perte de la gravité de notre sénateur[6].

Le plus grand philosophe du monde sur une planche plus
large qu'il ne faut, s'il y a au-dessous un précipice, quoique
100 sa raison le convainque de sa sûreté, son imagination prévau-
dra. Plusieurs n'en sauraient soutenir la pensée sans pâlir
et suer[7].

Je ne veux pas rapporter tous ses[8] effets; qui ne sait que la
vue des chats[9], des rats[10], l'écrasement d'un charbon, etc.
105 emportent la raison hors des gonds. Le ton de voix impose
aux plus sages et change un discours et un poème de force.

L'affection ou la haine changent la justice de face, et combien
un avocat bien payé par avance trouve-t-il plus juste la cause
qu'il plaide. Combien son geste hardi la fait-il paraître meilleure
110 aux juges dupés par cette apparence. Plaisante raison qu'un

---

1. *A l'envi de* : contrairement à; 2. *L'autre* : la raison. Montaigne (III, VIII) souli-
gnait déjà combien le peuple est sensible aux prestiges de l'imagination; 3. *Qui* :
qu'est-ce qui (l'interrogatif *qui*, dans la langue classique, désigne aussi les choses);
4. Dans une église où l'on fait un sermon; 5. *Charité* : amour de Dieu; 6. Magistrat
pontifiant. Comparez à La Fontaine parlant, à propos de la tortue, de « son train
de sénateur »; 7. « Qu'on loge un philosophe dans une cage de menus filets de fer
clairsemés, qui soit suspendue au haut des tours de Notre-Dame de Paris, etc... »
Montaigne, II, XII); 8. Les effets de l'imagination; 9. Une superstition médiévale
faisait du chat un animal démoniaque. Voir La Bruyère (XII, 21), dont le Bérylle
« tombe en syncope à la vue d'un chat »; 10. *Des rats* : souvenirs des grandes pestes.

vent manie et à tous sens[1]. Je rapporterais[2] presque toutes les
actions des hommes qui ne branlent presque que par ses
secousses. Car la raison a été obligée de céder, et la plus sage
prend pour ses principes ceux que l'imagination des hommes
115 a témérairement introduits en chaque lieu.

Nos magistrats ont bien connu ce mystère. Leurs robes
rouges, leurs hermines dont ils s'emmaillotent en chaffourés[3],
les palais où ils jugent, les fleurs de lys[4], tout cet appareil
auguste était fort nécessaire, et si les médecins n'avaient des
120 soutanes et des mules[5], et que les docteurs n'eussent des
bonnets carrés et des robes trop amples de quatre parties[6],
jamais ils n'auraient dupé le monde qui ne peut résister à cette
montre si authentique. S'ils avaient la véritable justice, et si
les médecins avaient le vrai art de guérir ils n'auraient que
125 faire de bonnets carrés. La majesté de ces sciences serait assez
vénérable d'elle-même, mais n'ayant que des sciences imaginaires il faut qu'ils prennent ces vains instruments qui frappent
l'imagination à laquelle ils ont affaire, et par là en effet ils
s'attirent le respect.

130 Les seuls[7] gens de guerre ne se sont pas déguisés de la sorte
parce qu'en effet leur part est plus essentielle. Ils s'établissent
par la force, les autres par grimace[8].

C'est ainsi que nos rois n'ont pas recherché ces déguise-
ments. Ils ne se sont pas masqués d'habits extraordinaires
135 pour paraître tels. Mais ils se font accompagner de gardes,
de balafrés[9]. Ces troupes armées qui n'ont de mains et de
force que pour eux, les trompettes et les tambours qui marchent
au-devant et ces légions qui les environnent font trembler les
plus fermes. Ils n'ont pas l'habit, seulement ils ont la force.
140 Il faudrait avoir une raison bien épurée pour regarder comme
un autre homme le grand seigneur[10] environné dans son superbe
sérail de quarante mille janissaires[11].

---

1. En tout sens. Pascal esquisse ici l'image de la girouette. « Vraiment il y a bien
de quoi faire si grande fête de la fermeté de cette belle pièce qui se laisse manier
et changer au branle et accidents d'un si léger vent! » (Montaigne, II, XII); 2. Suppléez
« si je voulais »; 3. En « chats fourrés ». Expression empruntée à Rabelais; voir
aussi La Fontaine : « le Chat, la Belette et le Petit Lapin »; 4. Des sièges où ils
s'assoient; 5. *Mules* : pantoufles sans talons; 6. Des quatre cinquièmes; 7. Comprendre
« seuls les gens »; 8. *Grimace* : fausse apparence; 9. *Balafrés*. Le manuscrit de
Pascal a donné lieu ici à plusieurs lectures : Brunschwicg et d'autres éditeurs avaient
lu « hallebardes », et non « balafrés »; 10. Le Grand Turc, le Sultan; 11. Ses gardes
du corps.

Nous ne pouvons pas seulement voir un avocat en soutane et le bonnet en tête sans une opinion avantageuse de sa
145 suffisance[1].

L'imagination dispose de tout; elle fait la beauté, la justice et le bonheur qui est le tout du monde.

Je voudrais de bon cœur voir le livre italien dont je ne connais que le titre, qui vaut lui seul bien des livres, *dell'opinone*
150 *regina del mondo*[2]. J'y souscris sans le connaître, sauf le mal s'il y en a.

Voilà à peu près les effets de cette faculté trompeuse qui semble nous être donnée exprès pour nous induire à une erreur nécessaire. Nous en avons bien d'autres principes.
155 Les impressions[3] anciennes ne sont pas seules capables de nous abuser[4], les charmes de la nouveauté ont le même pouvoir. De là vient toute la dispute des hommes qui se reprochent ou de suivre leurs fausses impressions de l'enfance, ou de courir témérairement après les nouvelles. Qui tient le juste milieu
160 qu'il paraisse et qu'il le prouve. Il n'y a principe, quelque naturel qu'il puisse être [qu'on ne], même depuis l'enfance, fasse passer pour une fausse impression soit de l'instruction[5], soit des sens[6].

Parce, dit-on, que vous avez cru dès l'enfance qu'un coffre
165 était vide, lorsque vous n'y voyiez rien, vous avez cru le vide possible. C'est une illusion de vos sens, fortifiée par la coutume, qu'il faut que la science corrige[7]. Et les autres disent : Parce qu'on vous a dit dans l'école qu'il n'y a point de vide, on a corrompu votre sens commun[8] qui le comprenait si nette-
170 ment avant cette mauvaise impression, qu'il faut corriger en recourant à votre première nature. Qui a donc trompé? Les sens ou l'instruction[9]?

---

1. *Suffisance :* capacité. Le mot avait au XVIIe siècle un sens favorable qu'il n'a plus aujourd'hui; **2.** C'est sans doute l'épigraphe de l'*Eloge de la folie* d'Érasme; **3.** *Impressions :* empreintes; **4.** En nous faisant considérer comme vraies des opinions fondées par la seule coutume; **5.** Danger déjà signalé par Charron dans la Préface de son traité *De la sagesse :* « De l'instruction suit parfois la prévention acquise »; **6.** Parce qu'ils sont bornés dans leur portée, et que nous sommes poussés par l'imagination à juger de ce que nous ne percevons pas par ce que nous percevons; **7.** Echo d'une explication donnée par Descartes (5 févr. 1649) et dont Pascal avait déjà discuté avec lui à Paris en 1647; **8.** Argument très familier à Pascal; « le renversement continuel du pour et du contre » (voir page 71, fragment 93) lui permet de montrer que tout l'effort de l'esprit humain aboutit en fait à confirmer des opinions que l'ignorance fonde sur des motifs illusoires; **9.** Tous les deux, en fait, ont trompé : les sens en faisant croire que le coffre est vide, l'instruction en prétendant que le vide est impossible.

Nous avons un autre principe d'erreur : les maladies. Elles nous gâtent le jugement et le sens[1]. Et si les grandes l'altèrent
175 sensiblement, je ne doute pas que les petites n'y fassent impression à leur proportion.

Notre propre intérêt est encore un merveilleux instrument pour nous crever les yeux agréablement. Il n'est pas permis au plus équitable homme du monde d'être juge en sa cause.
180 J'en sais qui, pour ne pas tomber dans cet amour-propre, ont été les plus injustes du monde à contre-biais[2]. Le moyen sûr de perdre une affaire toute juste était de la leur faire recommander par leurs proches parents[3]. La justice et la vérité sont deux pointes si subtiles que nos instruments sont trop mousses
185 pour y toucher exactement. S'ils y arrivent, ils en écachent[4] la pointe et appuient tout autour plus sur le faux que sur le vrai.

45 (83)

L'homme n'est qu'un sujet plein d'erreur naturelle, et ineffaçable sans la grâce. Rien ne lui montre la vérité. Tout l'abuse. Ces deux principes de vérité, la raison et les sens, outre qu'ils
190 manquent chacun de sincérité, s'abusent réciproquement l'un l'autre; les sens abusent la raison par de fausses apparences. Et cette même piperie qu'ils apportent à l'âme, ils la reçoivent d'elle à leur tour; elle s'en revanche. Les passions de l'âme les troublent et leur font des impressions fausses. Ils mentent
195 et se trompent à l'envi[5].

Mais outre cette erreur qui vient par accident et par le manque d'intelligence entre ces facultés hétérogènes...

(Il faut commencer par là le chapitre des puissances trompeuses[6].)

52 (388)

200 *Le bon sens.*

Ils[7] sont contraints de dire : vous n'agissez pas de bonne foi, nous ne dormons pas, etc. Que j'aime à voir cette superbe raison humiliée et suppliante. Car ce n'est pas le langage d'un homme, à qui on dispute son droit, et qui le défend les

---

1. La connaissance qui vient des sens; 2. En sens opposé (métaphore empruntée au tissage); 3. Guez de Balzac (*Aristippe*, « Discours », vi) et La Bruyère (*les Caractères*, xiv, 43) reprennent la même pensée; 4. *Ecacher* : écraser en aplatissant; 5. Montaigne (II, xii) : « Cette même piperie [tromperie] que les sens apportent à notre entendement, ils la reçoivent à leur tour; notre âme parfois s'en revanche de même; ils mentent et se trompent à l'envi. »; 6. Écrit en marge. Pascal est arrivé à des idées importantes qu'il se proposait de placer au début de son chapitre pour les mettre mieux en lumière; 7. *Ils* représente les philosophes dogmatistes, en dispute avec les pyrrhoniens.

205 armes et la force à la main. Il ne s'amuse pas à dire qu'on n'agit pas de bonne foi, mais il punit cette mauvaise foi par la force.

552 (107)   ● P.N.C. Série XXIII.

Lustravit lampade terras[1]. Le temps et mon humeur ont peu de liaison. J'ai mes brouillards et mon beau temps au-
210 dedans de moi ; le bien et le mal de mes affaires même y fait peu. Je m'efforce quelquefois de moi-même contre la fortune. La gloire de la dompter me la fait dompter gaiement, au lieu que je fais quelquefois le dégoûté dans la bonne fortune.

627 (150)   ● P.N.C. Série XXIV.

La vanité est si ancrée dans le cœur de l'homme qu'un
215 soldat, un goujat, un cuisinier, un crocheteur se vante et veut avoir ses admirateurs et les philosophes mêmes en veulent, et ceux qui écrivent contre veulent avoir la gloire d'avoir bien écrit[2], et ceux qui les lisent veulent avoir la gloire de les avoir lus, et moi qui écris ceci ai peut-être cette envie, et peut-
220 être que ceux qui le liront... (7)

---

1. Souvenir de Montaigne (II, xii) : « L'air même et la sérénité du ciel nous apporte quelque mutation, comme dit ce vers grec en Cicero :

Tales sunt hominum mentes quali pater ipse
Juppiter auctifera lustravit lampade terras »

(« Les pensées des hommes changent avec les rayons fécondants du soleil que Jupiter leur envoie » [vers de *l'Odyssée*, XVIII, 135, cité par saint Augustin, *Cité de Dieu* V, 28]) ; **2.** Montaigne (I, XLI) : « C'est, comme dit Cicero, ceux mêmes qui la combattent [la gloire], encore veulent-ils que les livres qu'ils en écrivent portent au front leur nom, et se veulent-ils rendre glorieux de ce qu'ils ont méprisé la gloire. »

--- **QUESTIONS** ---

7. Sur les fragments relatifs à la « Vanité ». — Montrez comment toutes les analyses auxquelles se livre Pascal dans ce chapitre sont centrées sur les idées fondamentales d'instabilité et d'inconsistance. — Classez les différents fragments selon qu'ils se rapportent : à la vie psychologique, à la vie morale, à la science, à la politique, à la vie artistique. — Le paragraphe « Imagination » (fragment 44) doit beaucoup à Montaigne (*Essais*, II, xii, « Apologie de Raymond Sebond ») : 1º relevez les expressions et les images que Pascal emprunte à Montaigne ; 2º précisez en quoi le style de Pascal vous paraît original. — L'art du détail concret et de la mise en scène comique ; comparez, de ce point de vue, Pascal avec La Bruyère. — Pas plus que Montaigne, Pascal ne manquait d'imagination ; pourquoi trouve-t-on chez les deux écrivains cette mise en garde contre la « maîtresse d'erreur et de fausseté » ? Comparez ces pages à celles que Malebranche, avec une égale sévérité, consacre à la « folle du logis ». — Étudiez le ton sur lequel Pascal parle de *nos rois* (lignes 133-142). Pourquoi se complaît-il, dans les *Pensées*, à prendre l'exemple du roi ? — Quels sont les deux sens, légèrement différents, que prend le mot *vanité* si l'on compare les fragments 23 et 627 ?

L'Amour-propre.

[Ce fragment, qui n'a pas été enregistré par la copie, fait partie du manuscrit Périer, dont l'original appartenait au chanoine Louis Périer, dernier neveu de Pascal (1651-1713). Une copie en fut exécutée au cours du XVIIIe siècle, disparut en 1869 et fut retrouvée en 1944.]

978 (100)

La nature de l'amour-propre et de ce *moi* humain est de n'aimer que soi et de ne considérer que soi[1]. Mais que fera-t-il? Il ne saurait empêcher que cet objet qu'il aime ne soit plein de défauts et de misère; il veut être grand, il se voit petit;
5 il veut être heureux, et il se voit misérable; il veut être parfait, et il se voit plein d'imperfections; il veut être l'objet de l'amour et de l'estime des hommes, et il voit que ses défauts ne méritent que leur aversion et leur mépris. Cet embarras où il se trouve produit en lui la plus injuste et la plus criminelle passion qu'il
10 soit possible de s'imaginer; car il conçoit une haine mortelle contre cette vérité qui le reprend[2], et qui le convainc de ses défauts. Il désirerait de l'anéantir, et, ne pouvant la détruire en elle-même, il la détruit, autant qu'il peut, dans sa connaissance et dans celle des autres; c'est-à-dire qu'il met tout son
15 soin à couvrir ses défauts et aux autres et à soi-même, et qu'il ne peut souffrir qu'on les lui fasse voir ni qu'on les voie.

C'est sans doute un mal que d'être plein de défauts; mais c'est encore un plus grand mal que d'en être plein et de ne les vouloir pas reconnaître, puisque c'est y ajouter encore
20 celui d'une illusion volontaire. Nous ne voulons pas que les autres nous trompent; nous ne trouvons pas juste qu'ils veuillent être estimés de nous plus qu'ils ne méritent : il n'est donc pas juste aussi[3] que nous les trompions et que nous voulions qu'ils nous estiment plus que nous ne méritons.
25 Ainsi, lorsqu'ils ne découvrent que des imperfections et des vices que nous avons en effet, il est visible qu'ils ne nous font point de tort, puisque ce ne sont pas eux qui en sont cause, et qu'ils nous font un bien, puisqu'ils nous aident à nous délivrer d'un mal, qui est l'ignorance de ces imperfections.

---

1. « L'amour-propre est l'amour de soi-même et de toutes choses pour soi [...]. Il ne se repose jamais hors de soi, et ne s'arrête dans les sujets étrangers que comme les abeilles sur les fleurs, pour en tirer ce qui lui est propre » (La Rochefoucauld, *Maximes*, 563); **2.** *Reprendre* : faire des reproches; **3.** Il n'est donc pas juste non plus.

30 Nous ne devons pas être fâchés qu'ils les connaissent, et qu'ils
nous méprisent, étant juste et qu'ils nous connaissent pour
ce que nous sommes, et qu'ils nous méprisent, si nous sommes
méprisables.

Voilà les sentiments qui naîtraient d'un cœur qui serait
35 plein d'équité et de justice. Que devons-nous dire donc du
nôtre, en y voyant une disposition toute contraire? Car n'est-il
pas vrai que nous haïssons la vérité et ceux qui nous la disent,
et que nous aimons qu'ils se trompent à notre avantage, et
que nous voulons être estimés d'eux autres[1] que nous ne sommes
40 en effet?

En voici une preuve qui me fait horreur. La religion catholique n'oblige pas à découvrir ses péchés indifféremment à
tout le monde; elle souffre qu'on demeure caché à tous les
autres hommes; mais elle en excepte un seul, à qui elle
45 commande de découvrir le fond de son cœur, et de se faire
voir tel qu'on est[2]. Il n'y a que ce seul homme au monde qu'elle
nous ordonne de désabuser, et elle l'oblige à un secret inviolable, qui fait que cette connaissance est dans lui comme si
elle n'y était pas. Peut-on s'imaginer rien de plus charitable
50 et de plus doux? Et néanmoins la corruption de l'homme est
telle qu'il trouve encore de la dureté dans cette loi; et c'est
une des principales raisons qui a fait révolter contre l'Église
une grande partie de l'Europe.

Que le cœur de l'homme est injuste et déraisonnable, pour
55 trouver mauvais qu'on oblige de faire à l'égard d'un homme
ce qu'il serait juste, en quelque sorte, qu'il fît à l'égard de
tous les hommes! Car est-il juste que nous les trompions?

Il y a différents degrés dans cette aversion pour la vérité;
mais on peut dire qu'elle est dans tous en quelque degré,
60 parce qu'elle est inséparable de l'amour-propre. C'est cette
mauvaise délicatesse qui oblige ceux qui sont dans la nécessité
de reprendre les autres de choisir tant de détours et de tempéraments[3] pour éviter de les choquer. Il faut qu'ils diminuent
nos défauts, qu'ils fassent semblant de les excuser, qu'ils y
65 mêlent des louanges et des témoignages d'affection et d'estime.
Avec tout cela, cette médecine ne laisse pas d'être amère à
l'amour-propre. Il en prend le moins qu'il peut, et toujours
avec dégoût, et souvent même avec un secret dépit contre
ceux qui la lui présentent.

---

1. *Autres* est attribut de *nous*; 2. Il s'agit du confesseur; 3. *Tempéraments* :
atténuations.

GILBERTE PÉRIER, SŒUR DE PASCAL

Peinture anonyme. (Hôpital de Clermont-Ferrand.)

70 Il arrive de là que, si on a quelque intérêt d'être aimé de nous, on s'éloigne de nous rendre un office[1] qu'on sait nous être désagréable; on nous traite comme nous voulons être traités : nous haïssons la vérité, on nous la cache; nous voulons être flattés, on nous flatte; nous aimons à être trompés,
75 on nous trompe.

C'est ce qui fait que chaque degré de bonne fortune qui nous élève dans un monde nous éloigne davantage de la vérité, parce qu'on appréhende plus de blesser ceux dont l'affection est plus utile et l'aversion plus dangereuse. Un prince sera la
80 fable de toute l'Europe, et lui seul n'en saura rien. Je ne m'en étonne pas : dire la vérité est utile à celui à qui on la dit, mais désavantageux à ceux qui la disent, parce qu'ils se font haïr. Or, ceux qui vivent avec les princes aiment mieux leurs intérêts que celui du prince qu'ils servent; et ainsi, ils n'ont garde de
85 lui procurer un avantage en se nuisant à eux-mêmes.

Ce malheur est sans doute plus grand et plus ordinaire dans les plus grandes fortunes[2]; mais les moindres n'en sont pas exemptes, parce qu'il y a toujours quelque intérêt à se faire aimer des hommes. Ainsi la vie humaine n'est qu'une
90 illusion perpétuelle; on ne fait que s'entre-tromper et s'entre-flatter. Personne ne parle de nous en notre présence comme il en parle en notre absence. L'union qui est entre les hommes n'est fondée que sur cette mutuelle tromperie; et peu d'amitiés subsisteraient, si chacun savait ce que son ami dit de lui
95 lorsqu'il n'y est pas, quoiqu'il en parle alors sincèrement et sans passion.

L'homme n'est donc que déguisement, que mensonge et hypocrisie, et en soi-même et à l'égard des autres. Il ne veut donc pas qu'on lui dise la vérité. Il évite de la dire aux autres;
100 et toutes ces dispositions, si éloignées de la justice et de la raison, ont une racine naturelle dans son cœur. (8)

---

1. *Un office :* un service; 2. *Fortunes :* situations.

——————— QUESTIONS ———————

8. Sur le fragment relatif à « l'Amour-propre ». — Établissez le plan de cette page, et montrez-en la solidité. — La critique qu'il fait ici de la flatterie et de la « comédie mondaine » était-elle particulièrement fondée au xviie siècle? — Sur la haine de la vérité qu'engendre l'amour-propre, comparez ce texte aux trois sermons que Bossuet a écrits pour le dimanche de la Passion sur le texte de saint Jean (vii, 7) : « Si je vous dis la vérité, pourquoi refusez-vous de me croire? » — Montrez l'importance considérable de la conclusion que Pascal tire de son analyse (lignes 100-101). — Pascal et l'amitié.

● III. MISÈRE (53-76)

[Après avoir dénoncé les illusions et les déceptions que les passions provoquent dans le cœur et dans l'esprit de l'homme, Pascal poursuit son enquête en s'attachant à montrer comment tout ce qui touche à l'homme est contingent et relatif. Impossible pour l'homme de trouver un point fixe, une assurance définitive.]

54 (112)

Inconstance.

Les choses ont diverses qualités et l'âme diverses inclinations, car rien n'est simple de ce qui s'offre à l'âme, et l'âme ne s'offre jamais simple à aucun sujet. De là vient[1] qu'on
5 pleure et qu'on rit d'une même chose.

55 (111)

Inconstance.

On croit toucher des orgues ordinaires en touchant l'homme. Ce sont des orgues à la vérité, mais bizarres, changeantes, variables. *[Ceux qui ne savent toucher que les ordinaires]* ne
10 seraient pas d'accord sur celles-là. Il faut savoir où sont les [touches[2]].

56 (181)

Nous sommes si malheureux que nous ne pouvons prendre plaisir à une chose qu'à condition de nous fâcher si elle réussit mal[3], ce que mille choses peuvent faire et font à toute heure.
15 [Qui] aurait trouvé le secret de se réjouir du bien sans se fâcher du mal contraire aurait trouvé le point. C'est le mouvement perpétuel[4].

59 (296)

Quand il est question de juger si on doit faire la guerre et tuer tant d'hommes, condamner tant d'Espagnols à la
20 mort, c'est un homme seul qui en juge, et encore intéressé : ce devrait être un tiers indifférent[5].

---

1. « L'homme rit et pleure d'une même chose » (Charron, *De la sagesse*, I, XLIII);
2. Descartes, dans son *Traité de l'homme*, utilise la même métaphore comparant le mécanisme de nos humeurs à celui des orgues; 3. Ce n'est pas une alliance de mots : au XVIIe siècle, *réussir* signifie simplement « se terminer » (bien ou mal); 4. C'est-à-dire : un idéal impossible à atteindre; 5. « Cette pensée profonde, que Pascal jette ici en passant et par manière de boutade, contient le principe de l'arbitrage international » (L. Brunschvicg). Allusion à la bataille des Dunes (14 juin 1658), où Turenne battit l'armée espagnole.

60 (294)

Sur quoi fondera-t-il l'économie du monde qu'il veut gouverner? Sera-ce sur le caprice de chaque particulier? Quelle confusion! Sera-ce sur la justice? Il l'ignore. Certainement,
25 s'il la connaissait, il n'aurait pas établi cette maxime, la plus générale de toutes celles qui sont parmi les hommes : que chacun suive les mœurs de son pays[a]. L'éclat de la véritable équité aurait assujetti tous les peuples, et les législateurs n'auraient pas pris pour modèle, au lieu de cette justice constante,
30 les fantaisies et les caprices des Perses et Allemands. On la verrait plantée par tous les États du monde et dans tous les temps; au lieu qu'on ne voit rien de juste ou d'injuste qui ne change de qualité, en changeant de climat. Trois degrés d'élévation du pôle[1] renversent toute la jurisprudence, un méri-
35 dien décide de la vérité. En peu d'années de possession, les lois fondamentales changent; le droit a ses époques; l'entrée de Saturne au Lion nous marque l'origine d'un tel crime. Plaisante justice qu'une rivière borne! Vérité au-deçà des Pyrénées, erreur au-delà[b].
40 Ils confessent que la justice n'est pas dans ces coutumes, mais qu'elle réside dans les lois naturelles, communes en tout pays. Certainement ils le soutiendraient opiniâtrement, si la témérité du hasard qui a semé les lois humaines en avait rencontré au moins une qui fût universelle. Mais la plaisanterie
45 est telle que le caprice des hommes s'est si bien diversifié qu'il n'y en a point.

Le larcin, l'inceste, le meurtre des enfants et des pères, tout a eu sa place entre les actions vertueuses. Se peut-il rien de plus plaisant qu'un homme ait droit de me tuer parce qu'il
50 demeure au-delà de l'eau, et que son prince a querelle contre le mien, quoique je n'en aie aucune avec lui?

Il y a sans doute des lois naturelles[c]; mais cette belle raison corrompue a tout corrompu; *Nihil amplius nostrum est; quod nostrum dicimus, artis est*[2]. *Ex senatusconsultis et plebiscitis*

---

1. De latitude; **2.** Cicéron avait écrit dans son traité *De finibus* (v, 21) : « Sed virtutem ipsam inchoavit; nihil amplius. *Itaque nostrum est (quod nostrum dico, artis est)* ad ea principia quae accepimus, consequentia exquirere. » C'est-à-dire : « Les débuts de la vertu sont l'œuvre de la nature, et c'est tout; notre part à nous (ce que j'appelle nôtre, c'est ce qui est de pure convention), c'est de tirer les conséquences des principes que nous avons reçus. » — Montaigne et Pascal traduisent : « Il n'y a plus rien qui soit nôtre; ce que j'appelle nôtre est œuvre de convention. »

RÉFÉRENCES AUX « ESSAIS » DE MONTAIGNE

a) I, II : « C'est la règle des règles et générale loi des lois, que chacun observe celle du lieu où il est. »

III, IX : « Non par opinion, mais en vérité, l'excellente et meilleure police est, à chaque nation, celle sous laquelle elle s'est maintenue. Sa forme et commodité essentielle dépend de l'usage. »

II, XII : « Au demeurant, si c'est de nous que nous tenons le règlement de nos mœurs, à quelle confusion nous rejetons-nous? Car ce que notre raison nous y conseille de plus vraisemblable, c'est généralement à chacun d'obéir aux lois de son pays, comme porte l'avis de Socrate, inspiré, dit-il, d'un conseil divin. Et par là que veut-elle dire, sinon que notre devoir n'a autre règle que fortuite? La vérité doit avoir un visage pareil et universel; la droiture et la justice, si l'homme en connaissait qui eût corps et véritable essence, il ne l'attacherait pas à la condition des coutumes de cette contrée ou de celle-là; ce ne serait pas de la fantaisie des Perses ou des Indes que la vertu prendrait sa forme. Il n'est rien sujet à plus continuelle agitation que les lois... »

b) II, XII : « Quelle bonté est-ce que je voyais hier en crédit, et demain ne l'être plus, et que le trajet d'une rivière fait crime? Quelle vérité est-ce que ces montagnes bornent, mensonge au monde qui se tient au-delà? »

c) II, XII : « Il est croyable qu'il y a des lois naturelles comme il se voit ès autres créatures; mais en nous elles sont perdues; cette belle raison humaine s'ingérant partout de maîtriser et commander, brouillant et confondant le visage des choses, selon sa vanité et inconstance : *nihil itaque amplius est; quod nostrum dico, artis est.* »

III, XIII : « Nous avons en France plus de lois que tout le reste du monde ensemble, et plus qu'il ne faudrait à régler tous les mondes d'Épicure. »

55 *crimina exercentur*[1]. *Ut olim vitiis, sic nunc legibus laboramus*[2].
De cette confusion arrive que l'un dit que l'essence de la
justice est l'autorité du législateur; l'autre, la commodité du
souverain; l'autre, la coutume présente, et c'est le plus sûr.
Rien, suivant la seule raison, n'est juste de soi; tout branle
60 avec le temps, la coutume est toute l'équité, par cette seule
raison qu'elle est reçue. C'est le fondement mystique de son
autorité[a]. Qui la ramènera à son principe, l'anéantit. Rien
n'est si fautif que ces lois qui redressent les fautes. Qui leur
obéit parce qu'elles sont justes, obéit à la justice qu'il imagine,
65 mais non pas à l'essence de la loi; elle est toute ramassée en
soi; elle est loi et rien davantage. Qui voudra en examiner le
motif le trouvera si faible et si léger que, s'il n'est accoutumé
à contempler les prodiges de l'imagination humaine, il admirera qu'un siècle lui ait tant acquis de pompe et de révérence.
70 L'art de fronder, bouleverser les États, est d'ébranler les
coutumes établies, en sondant jusque dans leur source pour
marquer leur défaut d'autorité et de justice. Il « faut, dit-on,
recourir aux lois fondamentales et primitives de l'État qu'une
coutume injuste a abolies[3] ». C'est un jeu sûr pour tout perdre;
75 rien ne sera juste à cette balance. Cependant, le peuple prête
aisément l'oreille à ces discours. Ils secouent le joug dès qu'ils
le reconnaissent[b], et les grands en profitent à sa ruine, et à
celle de ces curieux examinateurs des coutumes reçues. C'est
pourquoi le plus sage des législateurs disait que, pour le bien
80 des hommes, il faut souvent les piper[c]; et un autre, bon politique : *Cum veritatem qua liberetur ignoret, expedit quod falla-
tur*[d]. Il ne faut pas qu'il sente la vérité de l'usurpation[4]; elle
a été introduite autrefois sans raison; elle est devenue raisonnable; il faut la faire regarder comme authentique, éternelle
85 et en cacher le commencement, si on ne veut qu'elle ne prenne
bientôt fin.

---

1. Citation de Sénèque (*Epître à Lucilius*, 95) : « C'est en vertu des sénatus-consultes
et des plébiscites qu'on commet des crimes. » (Voir Montaigne, III, I); **2.** Citation
de Tacite (*Annales*, III, 25) : « Autrefois, nous souffrions de nos vices; aujourd'hui,
nous souffrons de nos lois »; **3.** C'était là une prétention de Mazarin et des parle-
mentaires. Pascal, qui était à Paris pendant la Fronde, a toujours refusé de l'approu-
ver; **4.** Entendez : la vérité que la loi est une usurpation.

RÉFÉRENCES AUX « ESSAIS » DE MONTAIGNE

a) II, xii : « Or les lois se maintiennent en crédit, non parce qu'elles sont justes, mais parce qu'elles sont lois : c'est le fondement mystique de leur autorité, elles n'en ont point d'autre; qui bien leur sert [....] Il n'est rien si lourdement et largement fautier que les lois; ni si ordinairement. Quiconque leur obéit parce qu'elles sont justes, ne leur obéit pas justement par où il doit. »

II, xii : « Les lois prennent leur autorité de la possession et de l'usage; il est dangereux de les ramener à leur naissance; elles grossissent et s'anoblissent en roulant, comme nos rivières; suivez-les contremont jusques à leur source, ce n'est qu'un petit surgeon d'eau à peine reconnaissable, qui s'enorgueillit ainsi et se fortifie en vieillissant. Voyez les anciennes considérations qui ont donné le premier branle à ce fameux torrent, plein de dignité, d'honneur et révérence; vous les trouverez si légères et si délicates, que ces gens-ci qui pèsent tout et le ramènent à la raison, et qui ne reçoivent rien par autorité et à crédit, il n'est pas merveille s'ils ont leurs jugements souvent très éloignés des jugements publics. »

b) II, xii : « Le vulgaire [...], après qu'on lui a mis en main la hardiesse de mépriser et contrerôler les opinions qu'il avait eues en extrême révérence [...], il jette tantôt après aisément en pareille incertitude toutes les autres pièces de sa créance [...] et secoue, comme un joug tyrannique, toutes les impressions qu'il avait reçues par l'autorité des lois ou révérence de l'ancien usage. »

c) II, xii : « Il [Platon] dit tout détroussément, en sa *République*, que, pour le profit des hommes, il est souvent besoin de les piper. »

d) II, xii : « Voici l'excuse que nous donnent, sur la considération de ce sujet, Scevola, grand pontife, et Varron, grands théologiens en leur temps : Qu'il est besoin que le peuple ignore beaucoup de choses vraies, et en croie beaucoup de fausses. *Cum veritatem, quâ liberetur, inquirat, credatur ei expedire, quod fallitur.* »
(Montaigne attribue à Varron une remarque ironique de saint Augustin, *Cité de Dieu*, iv, 27 : « *Praeclara religio, quo confugit liberandus infirmus, et cum veritatem, quâ liberetur, inquirat, credatur ei expedire quod fallitur.* » C'est-à-dire : « Belle religion, où il s'est réfugié comme un malade qui cherche sa délivrance, et quand il s'enquiert de cette vérité qui doit le délivrer, on estime qu'il lui est bon d'être pipé. » Pascal change le texte : « Comme il ignore la vérité qui le délivrerait il lui est utile d'être pipé. »

64 (295)

Mien, tien.

Ce chien est à moi, disaient ces pauvres enfants. C'est là ma place au soleil. Voilà le commencement et l'image de l'usurpation de toute la terre[1].

61 (309)

Justice.

Comme la mode[2] fait l'agrément, aussi fait-elle la justice.

65 (115)

Diversité.

La théologie est une science, mais en même temps combien est-ce de sciences? Un homme est un suppôt[3], mais si on l'anatomise, que sera-ce? la tête, le cœur, l'estomac, les veines, chaque veine, chaque portion de veine, le sang, chaque humeur de sang?

Une ville, une campagne, de loin c'est une ville et une campagne, mais à mesure qu'on s'approche, ce sont des maisons, des arbres, des tuiles, des feuilles, des herbes, des fourmis, des jambes de fourmis, à l'infini. Tout cela s'enveloppe sous le nom campagne.

66 (326)

Injustice.

Il est dangereux de dire au peuple que les lois ne sont pas justes, car il n'y obéit qu'à cause qu'il les croit justes. C'est pourquoi il faut lui dire en même temps qu'il y faut obéir parce qu'elles sont lois, comme il faut obéir aux supérieurs non pas parce qu'ils sont justes, mais parce qu'ils sont supérieurs. Par là voilà toute sédition prévenue, si on peut faire entendre cela et que proprement [c'est] la définition de la justice.

---

1. Chateaubriand a vu dans ce fragment le germe des idées exposées par Rousseau dans son *Discours sur l'inégalité* : « Le premier qui, ayant enclos un terrain, s'avisa de dire : ceci est à moi [...], etc. » Mais là où Rousseau s'indigne contre une injustice préméditée, Pascal décèle une nécessité sociale ; 2. *Mode* semble bien pris par Pascal dans le sens de *coutume* ; 3. *Suppôt* : substance.

72 (66)

Il faut se connaître soi-même[1]. Quand cela ne servirait pas à trouver le vrai, cela au moins sert à régler sa vie, et il n'y a rien de plus juste.

75 (389)

115 L'Ecclésiaste[2] montre que l'homme sans Dieu est dans l'ignorance de tout et dans un malheur inévitable, car c'est être malheureux que de vouloir et ne pouvoir. Or il veut être heureux et assuré de quelque vérité. Et cependant il ne peut ni savoir ni ne désirer point de savoir. Il ne peut même
120 douter. (9)

● IV. ENNUI (77-79)

[Chapitre très court (nous le citons intégralement), mais la comparaison des textes permettra de saisir la progression de la pensée pascalienne, et de goûter, par-delà l'imitation de Montaigne, l'originalité du style.]

77 (152)

Orgueil.

Curiosité n'est que vanité. Le plus souvent on ne veut savoir que pour en parler[3], autrement on ne voyagerait pas sur la

---

1. Le précepte socratique développé par Charron dans son *Traité de la sagesse* (livre I); 2. Entendez : Salomon, auteur du livre de l'Ecclésiaste; 3. Montaigne (I, XXXVIII) cite Perse (I, XXVI) : « Savoir n'est rien pour toi, si autrui ne sait pas que tu sais. »

─────── QUESTIONS ───────

9. SUR LE CHAPITRE RELATIF À LA « MISÈRE ». — Pascal et le problème de la justice. — Étudiez l'influence sur sa pensée des événements de son temps (troubles de la Fronde, guerres). — La loi et la coutume. — Le conservatisme de Pascal est-il de même nature que celui de Montaigne? Comparez avec les règles formulées par Descartes sur le respect des lois, des coutumes et des croyances de son pays. — Dans quelle mesure les réflexions de Pascal annoncent-elles les critiques de J.-J. Rousseau? En quoi préparent-elles Montesquieu? — Montrez comment Pascal est sans cesse préoccupé de mettre en relief la complexité du caractère de l'homme, et celle des choses qui s'offrent à lui. — Pascal et le peuple; comparez, de ce point de vue, son attitude à celle de La Bruyère. — Pascal et le bonheur : l'homme pris entre sa volonté et son impuissance.

mer pour ne jamais en rien dire et pour le seul plaisir de voir,
5 sans espérance d'en jamais communiquer.

78 (126)

Description de l'homme.
Dépendance, désir d'indépendance, besoins.

79 (128)

L'ennui qu'on a de quitter les occupations où l'on s'est
attaché. Un homme vit avec plaisir en son ménage; qu'il
10 voie une femme qui lui plaise, qu'il joue 5 ou 6 jours avec
plaisir, le voilà misérable s'il retourne à sa première occupation. Rien n'est plus ordinaire que cela.

622 (131)   ● PNC. Série XXIV.

Ennui.
Rien n'est si insupportable à l'homme que d'être dans un
15 plein repos, sans passions, sans affaires, sans divertissement,
sans application.

Il sent alors son néant, son abandon, son insuffisance, sa
dépendance, son impuissance, son vide.

Incontinent il sortira du fond de son âme l'ennui[1], la noir-
20 ceur, la tristesse, le chagrin, le dépit, le désespoir.

641 (129)   ● PNC. Série XXV.

Notre nature est dans le mouvement, le repos entier est
la mort[2]. **(10)**

---

1. Mouvement analogue dans Montaigne (II, XII). On peut rapprocher de ce
texte la réflexion de La Bruyère (« De l'homme ») : « L'homme semble quelquefois
ne pas se suffire à soi-même : les ténèbres, la solitude le troublent, le jettent dans
des craintes frivoles et dans de vaines terreurs, le moindre mal alors qui puisse lui
arriver est de s'ennuyer »; **2.** Montaigne (III, XIII) : « Notre vie n'est que mouvement. »

─────── **QUESTIONS** ───────

10. SUR LES FRAGMENTS RELATIFS À L' « ENNUI ». — Précisez les deux
situations différentes dans lesquelles, selon Pascal, l'homme trouve
l'ennui. — Analysez la valeur très forte du terme. Comparez avec le
spleen baudelairien. — Étudiez attentivement la progression des termes
dans les trois phrases du fragment 622. Comparez avec le mouvement
analogue de Montaigne dans l' « Apologie de Raymond Sebond » : « Car
de là n'aît la source principale des maux qui le pressent : péché,
maladie, irrésolution, trouble, désespoir. » Comparez aussi à la phrase de
La Bruyère citée dans la note 1.

Mon père s'est servi de ce corps
de droit pour son ouvrage
des coniques

portrait de Mr pascal fait par mon père

PORTRAIT DE PASCAL JEUNE PAR SON AMI LE JURISTE DOMAT

MASQUE MORTUAIRE DE PASCAL

● V. RAISON DES EFFETS (80-104)

[Chapitre important par sa place (transition entre « Misère » et « Grandeur ») et par son contenu : par des exemples précis, Pascal donne une idée de sa dialectique du dépassement, fondée sur le « renversement continuel du pour au contre », qui consiste à chercher la raison profonde des effets que l'on constate, pour atteindre, au-delà d'un jugement superficiel, à la « pensée de derrière la tête ».
Autre intérêt du chapitre : il traite des rapports entre la force et la justice.]

81 (299)

Les seules règles universelles sont les lois du pays aux[1] choses ordinaires et la pluralité aux autres. D'où vient cela ? de la force qui y est.

Et de là vient que les rois qui ont la force d'ailleurs ne suivent
5 pas la pluralité de leurs ministres.

Sans doute l'égalité des biens est juste, mais

Ne pouvant faire qu'il soit forcé d'obéir à la justice, on a fait qu'il soit juste d'obéir à la force. Ne pouvant fortifier la justice on a justifié la force, afin que le juste et le fort fussent
10 ensemble et que la paix fût, qui est le souverain bien.

83 (327)

Le monde juge bien des choses, car il est dans l'ignorance naturelle qui est le vrai siège de l'homme. Les sciences ont deux extrémités qui se touchent, la première est la pure ignorance naturelle où se trouvent tous les hommes en naissant,
15 l'autre extrémité est celle où arrivent les grandes âmes qui, ayant parcouru tout ce que les hommes peuvent savoir, trouvent qu'ils ne savent rien et se rencontrent en cette même ignorance d'où ils étaient partis, mais c'est une ignorance savante qui se connaît[2]. Ceux d'entre deux qui sont sortis de l'ignorance
20 naturelle et n'ont pu arriver à l'autre ont quelque teinture

---

1. *Aux choses :* pour les choses ; 2. Montaigne (I, LIV) : « Il se peut dire, avec apparence, qu'il y a ignorance abécédaire, qui va devant la science : une autre doctorale qui vient après la science, ignorance que la science fait et engendre, tout ainsi comme elle défait et détruit la première. En la moyenne vigueur des esprits et moyenne capacité, s'engendre l'erreur des opinions... ».

de cette science suffisante, et font les entendus. Ceux-là[1] troublent le monde et jugent mal de tout.

Le peuple et les habiles composent le train du monde; ceux-là[1] le méprisent et sont méprisés. Ils jugent mal de toutes 25 choses, et le monde en juge bien.

89 (315)

Raison des effets.

Cela est admirable! on ne veut pas que j'honore un homme vêtu de brocatelle[2] et suivi de sept ou huit laquais. Et quoi! il me fera donner des étrivières[3] si je ne le salue. Cet habit, 30 c'est une force. C'est bien de même qu'un cheval bien enharnaché à l'égard d'un autre. Montaigne est plaisant de ne pas voir quelle différence il y a et d'admirer qu'on y en trouve et d'en demander la raison. De vrai, dit-il, d'où vient, etc[4].

90 (337)

Raison des effets.

35 Gradation. Le peuple honore les personnes de grande naissance, les demi-habiles les méprisent disant que la naissance n'est pas un avantage de la personne mais du hasard. Les habiles les honorent, non par la pensée du peuple mais par la pensée de derrière[5]. Les dévots qui ont plus de zèle que de 40 science les méprisent malgré cette considération qui les fait honorer par les habiles, parce qu'ils en jugent par une nouvelle lumière que la piété leur donne, mais les chrétiens parfaits les honorent par une autre lumière supérieure.

Ainsi se vont les opinions succédant du pour au contre, 45 selon[6] qu'on a de lumière.

91 (336)

Raison des effets.

Il faut avoir une pensée de derrière, et juger de tout par là, en parlant cependant comme le peuple[7].

---

1. *Ceux-là :* désigne les semi-habiles, les prétendus savants; 2. *Brocatelle :* tissu qui imite le brocart, tissu brodé d'or et d'argent; 3. *Étrivières :* lanières de cuir, qui servent de fouet; 4. Allusion à l'essai I, XLII de Montaigne intitulé : « De l'inégalité qui est entre nous »; 5. *De derrière* la tête : celle qu'on n'exprime pas; 6. *Selon que :* à mesure que; 7. Charron (*De la sagesse*, II, II) : « Je veux bien que l'on vive, que l'on parle, que l'on fasse comme les autres et le commun; mais non que l'on juge comme le commun; voire que l'on juge le commun. »

93 (328)

Raison des effets.

50 Renversement continuel du pour au contre.

Nous avons donc montré que l'homme est vain par l'estime qu'il fait des choses qui ne sont point essentielles. Et toutes ces opinions sont détruites.

Nous avons montré ensuite que toutes ces opinions sont
55 très saines, et qu'ainsi toutes ces vanités étant très bien fondées, le peuple n'est pas si vain qu'on dit. Et ainsi nous avons détruit l'opinion qui détruisait celle du peuple.

Mais il faut détruire maintenant cette dernière proposition et montrer qu'il demeure toujours vrai que le peuple est vain,
60 quoique ses opinions soient saines, parce qu'il n'en sent pas la vérité où elle est et que la mettant où elle n'est pas, ses opinions sont toujours très fausses et très malsaines.

98 (80)

D'où vient qu'un boiteux ne nous irrite pas et un esprit boiteux nous irrite[1]? A cause qu'un boiteux reconnaît que
65 nous allons droit et qu'un esprit boiteux dit que c'est nous qui boitons. Sans cela nous en aurions pitié et non colère.

Épictète demande bien plus fortement : pourquoi ne nous fâchons-nous pas si on dit que nous avons mal à la tête, et que nous nous fâchons de ce qu'on dit que nous raisonnons
70 mal ou que nous choisissons mal[2]?

99 (536)

Ce qui cause cela est que nous sommes bien certains que nous n'avons pas mal à la tête, et que nous ne sommes pas boiteux, mais nous ne sommes pas si assurés que nous choisissons le vrai. De sorte que n'en ayant d'assurance qu'à cause
75 que nous le voyons de toute notre vue, quand un autre voit de toute sa vue le contraire, cela nous met en suspens et nous

---

1. Montaigne (III, VIII) : « De vrai, pourquoi, sans nous émouvoir, rencontrons-nous quelqu'un qui ait le corps tortu et mal bâti, et ne pouvons souffrir la rencontre d'un esprit mal rangé sans nous mettre en colère? Cette victorieuse âpreté tient plus au juge qu'à la faute »; **2.** Épictète, *Entretiens*, IV, VI.

étonne. Et encore plus quand mille autres se moquent de notre choix, car il faut préférer nos lumières à celles de tant d'autres. Et cela est hardi et difficile. Il n'y a jamais cette contradiction
80 dans les sens touchant un boiteux.

L'homme est ainsi fait qu'à force de lui dire qu'il est un sot, il le croit. Et à force de se le dire à soi-même on se le fait croire, car l'homme fait lui seul une conversation intérieure, qu'il importe de bien régler. *Corrumpunt bonos mores colloquia*
85 *prava*[1]. Il faut se tenir en silence autant qu'on peut et ne s'entretenir que de Dieu qu'on sait être la vérité, et ainsi on se le persuade à soi-même. (**11**)

---

1. Vers de Ménandre, cité par saint Paul : « Les mauvais entretiens gâtent les bonnes mœurs. »

─────── **QUESTIONS** ───────────────────────

11. Sur les fragments relatifs à la « Raison des effets ». — Comparez entre eux les divers exemples de dialectiques (nos 83-90-93). — A propos de cette « raison des effets », M. Edmond Giscard d'Estaing note : « Pour progresser véritablement, nous devons mettre notre raison au service docile de l'expérience, c'est-à-dire de la tradition, sans avoir peur de suivre des chemins battus, dès lors que nous les suivons en comprenant de mieux en mieux pourquoi ils sont la voie qui nous convient le mieux. Il y a dans cette approche d'une vérité que l'on peut dire immanente, cachée sans doute mais discernable si nous prenons le temps et la peine de bien l'observer, il y a une démarche analogue à celle des grands peintres de la réalité qu'étaient les Hollandais contemporains de Pascal. Eux aussi faisaient sourdre la plus intime des poésies de la contemplation des choses les plus simples » (*Pascal et le bon usage de la raison*, « Textes du tricentenaire », page 289). Commentez et discutez cette appréciation.
— Dans la hiérarchie qu'il établit entre les « raisons simples », les « philosophes » et les « métis » : et dont s'est inspiré Pascal, Montaigne se place au nombre de ces derniers (« le cul entre deux selles, desquels je suis et tant d'autres »), et il ajoute : « Pourtant, de ma part, je me recule tant que je puis dans le premier et naturel siège (celui de l'ignorance) d'où je me suis pour néant essayé de partir. » Aucun aveu de ce genre chez Pascal : d'où vient la différence de leurs deux tempéraments?
— Remarquez l'insistance de Pascal sur la notion d'ordre et de règlement de notre pensée (voir « Misère », fragment no 72, page 65). — La prudence et la délicatesse de Pascal à l'égard de tout ce qui concerne la vie intérieure; son respect de la personne humaine. — Pascal et le problème de la justice : comment le pose-t-il? Soulignez l'importance de la remarque : *La paix* [...] *qui est le souverain bien* (ligne 10). — Le style : relevez la fréquence des expressions : *D'où vient que...? De là vient que...* Quel caractère est ainsi donné à ces fragments?

● VI. GRANDEUR (105-118)

[De sa misère même, l'homme tire sa grandeur.]

106 (403)

Grandeur.

Les raisons des effets marquent la grandeur de l'homme, d'avoir tiré de la concupiscence[1] un si bel ordre.

110 (282)

Nous connaissons la vérité non seulement par la raison,
5 mais encore par le cœur. C'est de cette dernière sorte que nous connaissons les premiers principes et c'est en vain que le raisonnement[2], qui n'y a point de part, essaie de les combattre. Les pyrrhoniens, qui n'ont que cela pour objet, y travaillent inutilement. Nous savons que nous ne rêvons point. Quelque
10 impuissance où nous soyons de le prouver par raison, cette impuissance ne conclut autre chose que la faiblesse de notre raison, mais non pas l'incertitude de toutes nos connaissances, comme ils le prétendent. Car les connaissances des premiers principes : espace, temps, mouvement, nombres, sont aussi
15 fermes qu'aucune de celles que nos raisonnements nous donnent, et c'est sur ces connaissances du cœur et de l'instinct qu'il faut que la raison s'appuie et qu'elle y fonde tout son discours[3]. Le cœur[4] sent qu'il y a trois dimensions dans l'espace et que les nombres sont infinis, et la raison démontre ensuite qu'il
20 n'y a point deux nombres carrés dont l'un soit double de l'autre. Les principes se sentent, les propositions se concluent[5] et le tout avec certitude quoique par différentes voies — et il est aussi inutile et aussi ridicule que la raison demande au cœur des preuves de ses premiers principes pour vouloir y consentir,
25 qu'il serait ridicule que le cœur demandât à la raison un sentiment de toutes les propositions qu'elle démontre pour vouloir les recevoir.

1. *Concupiscence* : état habituel de l'âme qui la porte à désirer toutes les sortes de biens sensibles; 2. *Le raisonnement* : Pascal avait d'abord dicté *la raison* ; 3. *Discours* : argumentation; 4. *Le cœur*, c'est le sentiment immédiat, l'intuition de ces premiers principes. Pascal développe et justifie ces vues dans son fragment « De l'esprit géométrique » (voir page 30-31); 5. *Se concluent* : se prouvent déductivement, comme étant la conclusion logique d'un raisonnement.

Cette impuissance ne doit donc servir qu'à humilier la
raison — qui voudrait juger de tout — mais non pas à combattre
30 notre certitude[1]. Comme s'il n'y avait que la raison capable
de nous instruire; plût à Dieu que nous n'en eussions au
contraire jamais besoin et que nous connussions toutes choses
par instinct et par sentiment, mais la nature nous a refusé ce
bien; elle ne nous a au contraire donné que très peu de connais-
35 sances de cette sorte; toutes les autres ne peuvent être acquises
que par raisonnement.

Et c'est pourquoi ceux à qui Dieu a donné la religion par
sentiment de cœur[2] sont bienheureux et bien légitimement
persuadés, mais ceux qui ne l'ont pas, nous ne pouvons la
40 donner que par raisonnement, en attendant que Dieu la leur
donne par sentiment de cœur, sans quoi la foi n'est qu'humaine
et inutile pour le salut[3].

112 (344)

Instinct et raison, marques de deux natures[4].

113 (348)

Roseau pensant.

45 Ce n'est point de l'espace que je dois chercher ma dignité,
mais c'est du règlement de ma pensée. Je n'aurai point d'avantage en possédant des terres. Par l'espace l'univers me comprend[5]
et m'engloutit comme un point : par la pensée je le comprends.

114 (397)

La grandeur de l'homme est grande en ce qu'il se connaît
50 misérable; un arbre ne se connaît pas misérable.

C'est donc être misérable que de [se] connaître misérable,
mais c'est être grand que de connaître qu'on est misérable.

---

1. Cette certitude existe, et Pascal, qui a éprouvé l'efficacité des méthodes scientifiques, le sait pertinemment; 2. Raisonnement *a fortiori* : Pascal passe du domaine
de l'esprit à celui de la charité; 3. Car la grâce est nécessaire au salut de l'homme;
4. Tourneur note ici : « Dans l'homme et non dans l'univers. La nature originelle
est la raison; elle fait la grandeur de l'homme, la nature déchue est l'instinct; elle
provoque la misère de l'homme »; 5. *Comprendre* est pris d'abord au sens propre,
puis au sens figuré. Je suis contenu dans l'univers (matériellement) et l'univers est
contenu en moi (par ma pensée). Cette opposition « résume tout le problème philosophique de la connaissance » (Brunschvicg).

116 (389)

Toutes ces misères-là même prouvent sa grandeur. Ce sont
misères de grand seigneur. Misères d'un roi dépossédé.

118 (402)

55   Grandeur de l'homme dans sa concupiscence même, d'en
avoir su tirer un règlement admirable et en avoir fait un tableau
de charité. **(12)**

● VII. CONTRARIÉTÉS (119-131)

[Contradictions qui ne peuvent s'expliquer que parce que notre
nature est double et qu'il faut l'accepter telle, et cette duplicité ne
trouve son explication que dans le dogme du péché originel.]

119 (423)

Contrariétés. Après avoir montré la bassesse et la grandeur
de l'homme. Que l'homme maintenant s'estime son prix. Qu'il
s'aime, car il y a en lui une nature capable de bien; mais qu'il
n'aime pas pour cela les bassesses qui y sont Qu'il se méprise,
5 parce que cette capacité est vide; mais qu'il ne méprise pas
pour cela cette capacité naturelle. Qu'il se haïsse, qu'il s'aime :
il a en lui la capacité de connaître la vérité et d'être heureux;
mais il n'a point de vérité, ou constante, ou satisfaisante.

———— QUESTIONS ————

12. SUR LES FRAGMENTS RELATIFS À LA « GRANDEUR ». — Étudiez
attentivement la distinction que Pascal établit entre la raison et le cœur;
il montre qu'il s'agit de deux ordres de connaissance différents : l'une
immédiate, intuitive, appréhension directe et non réfléchie de la vérité;
l'autre déductive, s'appuyant sur la première et la transformant en
connaissance médiate. — *Plût à Dieu que nous n'en eussions [...] jamais
besoin* (ligne 31) : ce regret formulé par Pascal est-il compatible avec
l'explication que donne Z. Tourneur du fragment n° 112? — *Un arbre
ne se connaît pas misérable* (ligne 50) : ce mépris pour le végétal inconscient
se retrouvera chez Vigny, Baudelaire et Valéry (« Au platane »), tandis
que Lamartine (« le Chêne »), Hugo et Verhaeren se feront de la nature
végétale une image opposée : comment s'expliquent ces deux attitudes?
— Comment Pascal nous achemine-t-il progressivement vers l'explication du chapitre suivant (fragment 116).

Je voudrais donc porter l'homme à désirer d'en[1] trouver,
10 à être prêt et dégagé des passions, pour la suivre où il la trouvera, sachant combien sa connaissance s'est obscurcie par les
passions; je voudrais bien qu'il haït en soi la concupiscence
qui le détermine d'elle-même, afin qu'elle ne l'aveuglât point
pour faire son choix, et qu'elle ne l'arrêtât point quand il
15 aura choisi.

121 (418)

Il est dangereux de trop faire voir à l'homme combien il
est égal aux bêtes, sans lui montrer sa grandeur. Et il est encore
dangereux de lui trop faire voir sa grandeur sans sa bassesse.
Il est encore plus dangereux de lui laisser ignorer l'un et l'autre,
20 mais il est très avantageux de lui représenter l'un et l'autre.

Il ne faut pas que l'homme croie qu'il est égal aux bêtes
ni aux anges, ni qu'il ignore l'un et l'autre, mais qu'il sache
l'un et l'autre[2].

122 (416)   ● APR. Grandeur et Misère.

[...] Tout ce que les uns ont pu dire pour montrer la gran-
25 deur n'a servi que d'un argument aux autres pour conclure
la misère, puisque c'est être (d')autant plus misérable qu'on
est tombé de plus haut, et les autres au contraire. Ils se sont
portés les uns sur les autres, par un cercle sans fin, étant certain qu'à mesure que les hommes ont de lumière ils trouvent
30 et grandeur et misère en l'homme. En un mot l'homme connaît
qu'il est misérable. Il est donc misérable puisqu'il l'est, mais
il est bien grand puisqu'il le connaît[3].

126 (93)

Les pères craignent que l'amour naturel des enfants ne
s'efface. Quelle est donc cette nature sujette à être effacée.

---

1. *En trouver : en* désigne sans doute l'expression de la phrase précédente : *vérité
ou constante ou satisfaisante.* Il y a là une légère négligence grammaticale; 2. « Il
ne faut pas permettre à l'homme de se mépriser tout entier, de peur que, croyant
avec les impies que notre vie n'est qu'un jeu où règne le hasard, il ne marche sans
règle et sans conduite au gré de ses aveugles désirs » (Bossuet, *Oraison funèbre
d'Henriette d'Angleterre,* août 1670); 3. Reprise de l'idée exprimée sous forme de
syllogisme dans le fragment n° 114 (chap. « Grandeur », page 74).

35 La coutume est une seconde nature qui détruit la première[1]. Mais qu'est-ce que nature? pourquoi la coutume n'est-elle pas naturelle? J'ai grand peur que cette nature ne soit elle-même qu'une première coutume, comme la coutume est une seconde nature[2].

128 (396)

40 Deux choses instruisent l'homme de toute sa nature : l'instinct et l'expérience[3].

130 (420)

S'il se vante, je l'abaisse.
S'il s'abaisse, je le vante.
Et le contredis toujours.
45 Jusqu'à ce qu'il comprenne
Qu'il est un monstre incompréhensible.

131 (434)

[Dans cet extrait, les textes placés entre crochets et imprimés en en italique (voir page 27) représentent des mots barrés par Pascal, mais restés lisibles sous les ratures.]

Les principales forces des pyrrhoniens, je laisse les moindres, sont que nous n'avons aucune certitude de la vérité de ces principes, hors la foi et la révélation, sinon en (ce) que nous
50 les sentons naturellement en nous. Or ce sentiment naturel n'est pas une preuve convaincante de leur vérité, puisque n'y ayant point de certitude hors la foi, si l'homme est créé par un dieu bon, par un démon méchant[4] ou à l'aventure, il est

---

1. Montaigne (« De la coutume », I, xxii) : « En somme, à ma fantaisie, il n'est rien qu'elle ne fasse, ou qu'elle ne puisse, et avec raison l'appelle Pindarus, à ce qu'on m'a dit : la reine et emperière du monde » ; 2. Cette formule, qui renverse les termes de la célèbre formule d'Aristote, apparaît, dit Brunschvicg, comme « le résumé lumineux des doctrines évolutionnistes, selon lesquelles l'expérience est à l'origine de l'innéité ». Lamarck affirmera en effet dans sa *Philosophie zoologique* (1809) que les habitudes se transmettent, de génération en génération et que la nature, telle qu'elle est déterminée à la naissance, peut être le produit d'habitudes ancestrales ; 3. « L'instinct, commente Brunschvicg, semble être l'aspiration au bien, souvenir de notre perfection primitive ; l'expérience est la connaissance de notre misère et de notre chute » ; 4. Ce *démon méchant* est le « malin génie » de Descartes (« Première méditation »).

en doute si ces principes nous sont donnés ou véritables, ou
55 faux, ou incertains selon notre origine.

De plus que personne n'a d'assurance, hors de la foi, s'il
veille ou s'il dort, vu que durant le sommeil on croit veiller
aussi fermement que nous faisons. Comme on rêve souvent
qu'on rêve entassant un songe sur l'autre. Ne se peut-il faire
60 que cette moitié de la vie n'est elle-même qu'un songe, sur
lequel les autres sont entés, dont nous nous éveillons à la
mort, pendant laquelle nous avons aussi peu les principes
du vrai et du bien que pendant le sommeil naturel. Tout cet
écoulement du temps, de la vie, et ces divers corps que nous
65 sentons, ces différentes pensées qui nous y agitent n'étant
peut-être que des illusions pareilles à l'écoulement du temps
et aux vains fantômes de nos songes. On croit voir les espaces,
les figures, les mouvements, on sent couler le temps, on le
mesure, et enfin on agit de même qu'éveillé. De sorte que la
70 moitié de la vie se passant en sommeil, par notre propre aveu
ou quoi qu'il nous en paraisse, nous n'avons aucune idée du
vrai, tous nos sentiments étant alors des illusions. Qui sait si
cette autre moitié de la vie où nous pensons veiller n'est pas
un autre sommeil un peu différent du premier[1]. *[Et qui doute*
75 *sur lequel nos songes sont entés comme notre sommeil paraît*
— dont nous nous éveillons quand nous pensons dormir — et
qui doute que si on rêvait en compagnie et que par hasard les
songes s'accordassent ce qui est — assez — ordinaire et qu'on
veillât en solitude, on ne crût les choses renversées.]
80   Voilà les principales forces de part et d'autre[2], je laisse
les moindres comme les discours qu'ont faits les pyrrhoniens
contre les impressions de la coutume, de l'éducation, des
mœurs des pays, et les autres choses semblables qui, quoiqu'elles entraînent la plus grande partie des hommes communs
85 qui ne dogmatisent que sur ces vains fondements, sont renver-
sés par le moindre souffle des pyrrhoniens. On n'a qu'à voir
leurs livres; si l'on n'en est pas assez persuadé on le deviendra
bien vite, et peut-être trop.

Je m'arrête à l'unique fort[3] des dogmatistes qui est qu'en

---

1. Toute cette argumentation est également d'inspiration cartésienne. « Je ne sais
si ce que j'appelle veiller n'est peut-être pas une partie un peu plus excitée d'un
sommeil profond, et si je vois des choses réelles, ou si je suis seulement troublé par
des fantaisies et par de vains simulacres » (Bossuet, *Sermon sur la mort*, Premier
point, 1662); 2. *De part et d'autre :* du côté des dogmatiques et du côté des pyrrhoniens. En fait, le passage sur le « fort des dogmatistes » manque au début du fragment; 3. Le point fort.

90 parlant de bonne foi et sincèrement on ne peut douter des
principes naturels.

Contre quoi les pyrrhoniens opposent, en un mot, l'incertitude de notre origine qui enferme celle de notre nature. A quoi
les dogmatistes sont encore à répondre depuis que le monde
95 dure.

[*Qui voudra s'éclaircir plus au long du pyrrhonisme voie
leurs livres. Il en sera bientôt persuadé et peut-être trop.*]

Voilà la guerre ouverte entre les hommes, où il faut que
chacun prenne parti, et se range nécessairement ou au dogma-
100 tisme ou au pyrrhonisme. Car qui pensera demeurer neutre
sera pyrrhonien par excellence. Cette neutralité est l'essence
de la cabale. Qui n'est pas contre eux est excellemment pour
eux : en quoi paraît leur avantage. Ils ne sont pas pour
eux-mêmes, ils sont neutres, indifférents, suspendus à tout
105 sans s'excepter.

Que fera donc l'homme en cet état? doutera-t-il de tout,
doutera-t-il s'il veille, si on le pince, si on le brûle, doutera-t-il
s'il doute, doutera-t-il s'il est?

On n'en peut venir là, et je mets en fait qu'il n'y a jamais
110 eu de pyrrhonien effectif parfait. La nature soutient la raison
impuissante et l'empêche d'extravaguer jusqu'à ce point.

Dira-t-il donc au contraire qu'il possède certainement la
vérité, lui qui, si peu qu'on le pousse, ne peut en montrer
aucun titre et est forcé de lâcher prise.

115 Quelle chimère[1] est-ce donc que l'homme? quelle nouveauté[2],
quel monstre, quel chaos, quel sujet de contradictions[3], quel
prodige? Juge[4] de toutes choses, imbécile[5] ver de terre[6], dépositaire du vrai, cloaque[7] d'incertitude et d'erreur, gloire et
rebut[8] de l'univers.

120 Qui démêlera cet embrouillement? [*Certainement cela passe
le dogmatisme et pyrrhonisme, et toute la philosophie humaine.
L'homme passe l'homme. Qu'on accorde donc aux pyrrhoniens
ce qu'ils ont tant crié, que la vérité n'est pas de notre portée,
ni de notre gibier, qu'elle ne demeure pas en terre, qu'elle est*

---

1. *La Chimère* de la mythologie avait un corps de chèvre, une tête de lion et une
queue de serpent. Pascal insiste sur la composition hétérogène de l'être humain;
2. *Nouveauté* : chose extraordinaire; 3. Sujet de propositions contradictoires; 4. *Juge* :
au sens intellectuel, non juridique; 5. *Imbécile* : faible; 6. Image qui vient de la Bible :
« Je suis un ver de terre, et non un homme » (Psaume XXI, 7); 7. Pascal avait d'abord
écrit « amas »; 8. Encore une expression biblique.

125 *domestique du ciel, qu'elle loge dans le sein de Dieu, et que*
l'on ne la peut connaître qu'à mesure qu'il lui plaît de la révéler.
Apprenons donc de la vérité incréée et incarnée notre véritable
nature.

On ne peut éviter en cherchant la vérité par la raison, l'une
130 *de ces trois sectes — On ne peut être pyrrhonien ni académicien*
sans étouffer la nature, on ne peut être dogmatiste sans renoncer
à la raison.]

La nature confond[1] les pyrrhoniens *[et les académiciens]*
et la raison confond les dogmatiques. Que deviendrez-vous
135 donc, ô homme qui cherchez quelle est votre véritable condition par votre raison naturelle, vous ne pouvez fuir une de
ces *[trois]* sectes ni subsister dans aucune.

Connaissez donc, superbe[2], quel paradoxe vous êtes à vous-
même. Humiliez-vous, raison impuissante! Taisez-vous, nature
140 imbécile, apprenez que l'homme passe infiniment l'homme et
entendez de votre maître[3] votre condition véritable que vous
ignorez.

Écoutez Dieu.

[N'est-il donc pas clair comme le jour que la condition de
145 *l'homme est double?]* Car enfin si l'homme n'avait jamais
été corrompu il jouirait dans son innocence et de la vérité et
de la félicité avec assurance. Et si l'homme n'avait jamais
été que corrompu il n'aurait aucune idée ni de la vérité, ni de
la béatitude. Mais malheureux que nous sommes et plus que
150 s'il n'y avait point de grandeur dans notre condition, nous
avons une idée du bonheur et nous ne pouvons y arriver.
Nous sentons une image de la vérité et ne possédons que le
mensonge. Incapables d'ignorer absolument et de savoir certainement, tant il est manifeste que nous avons été dans un
155 degré de perfection dont nous sommes malheureusement
déchus.

[Concevons donc que la condition de l'homme est double.
— Concevons donc que l'homme passe infiniment l'homme, et
qu'il était inconcevable à soi-même sans le secours de la foi.
160 *Car qui ne voit que sans la connaissance de cette double condi-*

---

1. Sens très fort : Pascal, nous dit sa sœur Gilberte, voyait « dans les lumières
que Dieu lui avait données de quoi les convaincre [les athées] et les confondre sans
ressources » *(Vie de Blaise Pascal)* ; **2.** *Superbe* : orgueilleux; **3.** Deux sens : « le
maître de toutes choses », et celui qui « enseigne » la vérité. Ces deux notions sont
unies dans la Sagesse divine.

tion de la nature on était dans une ignorance invincible de la
vérité de sa nature.]

Chose étonnante cependant que le mystère le plus éloigné
de notre connaissance qui est celui de la transmission du
165 péché soit une chose sans laquelle nous ne pouvons avoir
aucune connaissance de nous-même.

Car il est sans doute qu'il n'y a rien qui choque plus notre
raison que de dire que le péché du premier homme ait rendu
coupables ceux qui étant si éloignés de cette source semblent
170 incapables d'y participer. Cet écoulement ne nous paraît pas
seulement impossible. Il nous semble même très injuste car
qu'y a-t-il de plus contraire aux règles de notre misérable
justice que de damner éternellement un enfant incapable de
volonté pour un péché où il paraît avoir si peu de part, qu'il
175 est commis six mille ans avant qu'il fût en être? Certainement
rien ne nous heurte plus rudement que cette doctrine. Et cependant
dant sans ce mystère, le plus incompréhensible de tous, nous
sommes incompréhensibles à nous-mêmes. Le nœud de notre
condition prend ses replis et ses tours dans cet abîme. De
180 sorte que l'homme est plus inconcevable sans ce mystère, que
ce mystère n'est inconcevable à l'homme[1].

[D'où il paraît que Dieu voulant nous rendre la difficulté de
notre être inintelligible à nous-mêmes en a caché le nœud si haut
ou pour mieux dire si bas que nous étions bien incapables d'y
185 *arriver. De sorte que ce n'est pas par les superbes agitations*
de notre raison, mais par la simple soumission de la raison que
nous pouvons véritablement nous connaître.

Ces fondements solidement établis sur l'autorité inviolable
de la religion nous font connaître qu'il y a deux vérités de foi
190 *également constantes.*

---

1. Bien des philosophes après lui utiliseront cet argument pour rejeter la croyance
au dogme de la chute comme foncièrement inhumain et révoltant (tels Voltaire dans
la XXVe *Lettre philosophique*, et, plus tard, A. Camus dans *la Peste*). Pascal accepte
ce dogme parce que c'est une vérité de foi, mais surtout parce que c'est la seule
explication possible de notre humaine condition et qu'il se soumet à ce qu'il considère comme un fait. Bossuet dit que l'homme « ressemble à un édifice ruiné qui,
dans ses masures renversées, conserve encore quelque chose de la beauté et de la
grandeur de son premier plan. Fondé dans son origine sur la connaissance de Dieu
et sur son amour, par sa volonté dépravée il est tombé en ruine; le comble s'est
abattu sur les murailles et les murailles sur le fondement. Mais qu'on remue ces
ruines, on trouvera, dans les restes de ce bâtiment renversé, et les traces de ces fon-
dations, et l'idée du premier dessein, et la marque de l'architecte » (*Sermon pour*
la profession de Mlle *de La Vallière*).

L'une que l'homme dans l'état de la création, ou dans celui de la grâce, est élevé au-dessus de toute la nature, rendu comme semblable à Dieu et participant de la divinité. L'autre qu'en l'état de la corruption, et du péché, il est déchu de cet état et 195 *rendu semblable aux bêtes. Ces deux propositions sont également fermes et certaines.*

L'Écriture nous les déclare manifestement lorsqu'elle dit en quelques lieux — deliciae meae esse cum filiis hominum[1] — effundam spiritum meum super omnen carnem[2], etc. — dii estis[3]. 200 *Et qu'elle dit en d'autres : omnis caro foenum[4], homo assimilatus est jumentis insipientibus et similis factus est illis[5], dixi in corde meo de filiis hominum[6] — eccle. 3 —*

Par où il paraît clairement que l'homme par la grâce est rendu comme semblable à Dieu et participant de sa divinité, et que 205 *sans la grâce il est censé semblable aux bêtes brutes]. (13)*

---

1. Proverbes (VIII, 31) : « Mes délices sont d'être avec les enfants des hommes »; **2.** Isaïe (XLIV, 3) : « Je répandrai mon esprit sur toute chair »; **3.** Psaume LXXXI, 6 : « Vous êtes des dieux »; **4.** Isaïe (XL, 6) : « Toute chair est une herbe pourrie »; **5.** Psaume XLVIII, 13 : « L'homme s'est comparé aux bêtes sans pensée et est devenu leur semblable »; **6.** « J'ai dit dans mon cœur des fils des hommes (que Dieu les éprouverait et leur montrerait qu'ils sont semblables aux bêtes). »

──── QUESTIONS ────

13. SUR LES FRAGMENTS RELATIFS AUX « CONTRARIÉTÉS ». — Étudiez comment, au milieu des constatations les plus pessimistes qu'il fait de notre misère, Pascal reste toujours soucieux de ne pas nous désespérer, mettant l'accent sur la nécessité d'une ascèse morale, d'un effort qui sera le premier pas vers notre libération, refusant de voir tout en noir, parce qu'une telle vision serait inexacte et dangereuse. — Définissez les termes : *pyrrhonien, académicien, dogmatique,* et citez quelques-uns des philosophes célèbres appartenant à chacune de ces trois « sectes ». — Étudiez, en l'appliquant à ce chapitre, la justesse de ce propos de E. Giscard d'Estaing : « Le combat qu'il mène n'est dirigé ni contre l'introspection de Montaigne, ni contre la déduction de Descartes, car il sait admirablement, lui aussi, utiliser ces deux tactiques et les porter à leur point de perfection. Mais il attaque chacune d'elles avec les armes de l'autre, de façon à détruire cette tranquillité qui ne serait faite que d'une ignorance volontaire, jetée comme un manteau sur le fond bouleversant d'inquiétude qui gît en chacun de nous. » — Étudiez le style de Pascal et montrez, par des exemples précis, à quel point il est le reflet de ses sentiments (impatience, impétuosité traduites par les rythmes. Voir surtout le fragment n° 130). — Étudiez le fragment 131 en vous aidant des éléments placés entre crochets et imprimés en italique : ces « repentirs » de Pascal permettent-ils de découvrir la démarche de sa pensée et les caractères significatifs de son style?

● VIII. DIVERTISSEMENT (132 à 139)

[Condamnation sévère et globale de l'activité humaine. Pascal a déployé ici toutes les ressources de son art. Contre cette analyse se dressera Voltaire, avec tous ceux qui souscrivent à la définition de l'homme comme un « animal d'action ».]

135 (469)

Je sens que je puis n'avoir point été, car le moi consiste dans ma pensée[1], donc moi qui pense n'aurais point été, si ma mère eût été tuée avant que j'eusse été animé, donc je ne suis pas un être nécessaire. Je ne suis pas aussi éternel ni infini,
5 mais je vois bien qu'il y a dans la nature un être nécessaire, éternel et infini.

136 (139)

Divertissement.

Quand je m'y suis mis quelquefois à considérer les diverses agitations des hommes, et les périls, et les peines où ils s'ex-
10 posent dans la Cour, dans la guerre d'où naissent tant de querelles, de passions, d'entreprises hardies et souvent mauvaises, etc., j'ai dit souvent que tout le malheur des hommes vient d'une seule chose, qui est de ne savoir pas demeurer en repos dans une chambre. Un homme qui a assez de bien pour
15 vivre, s'il savait demeurer chez soi avec plaisir n'en sortirait pas pour aller sur la mer ou au siège d'une place; on n'achèterait une charge à l'armée si cher que parce qu'on trouverait insupportable de ne bouger de la ville et on ne recherche les conversations[a] et les divertissements des jeux que parce qu'on
20 ne demeure chez soi avec plaisir. Etc.

Mais quand j'ai pensé de plus près et qu'après avoir trouvé la cause de tous nos malheurs j'ai voulu en découvrir les raisons, j'ai trouvé qu'il y en a une bien effective qui consiste dans le malheur naturel de notre condition faible et mortelle,
25 et si misérable que rien ne peut nous consoler lorsque nous y pensons de près.

Quelque condition[3] qu'on se figure, si l'on assemble tous les biens qui peuvent nous appartenir, la royauté est le plus beau poste du monde et cependant, qu'on s'en[4] imagine,

---

1. Réflexion bien proche du *Cogito* de Descartes; **2.** *Conversations* : sociétés, fréquentations; **3.** *Condition* sociale; **4.** Qu'on s'imagine un roi : Pascal avait d'abord parlé d'un roi, puis il a corrigé sa phrase pour parler de *royauté ;* d'où cette inadvertance.

30 accompagné de toutes les satisfactions qui peuvent le toucher,
s'il est sans divertissement et qu'on le laisse considérer et
faire réflexion sur ce qu'il est — cette félicité languissante[1]
ne le soutiendra point — il tombera par nécessité dans les
vues qui le menacent, des révoltes qui peuvent arriver et enfin
35 de la mort et des maladies qui sont inévitables, de sorte que
s'il est, sans ce qu'on appelle divertissement le voilà malheureux, et plus malheureux que le moindre de ses sujets qui joue
et qui se divertit.

De là vient que le jeu et la conversation des femmes, la
40 guerre, les grands emplois sont si recherchés. Ce n'est pas
qu'il y ait en effet du bonheur, ni qu'on s'imagine que la vraie
béatitude soit d'avoir l'argent qu'on peut gagner au jeu, ou
dans le lièvre qu'on court; on n'en voudrait pas, s'il était
offert. Ce n'est pas cet usage mol et paisible, et qui nous laisse
45 penser à notre malheureuse condition qu'on recherche, ni les
dangers de la guerre, ni la peine des emplois, mais c'est le
tracas qui nous détourne d'y penser et nous divertit. Raison
pourquoi on aime mieux la chasse que la prise[2].

De là vient que les hommes aiment tant le bruit et le remue-
50 ment[3]. De là vient que la prison est un supplice si horrible,
de là vient que le plaisir de la solitude est une chose incompréhensible. Et c'est enfin le plus grand sujet de félicité de la
condition des rois, de ce qu'on essaie[4] sans cesse à les divertir
et à leur procurer toutes sortes de plaisirs. Le roi est envi-
55 ronné de gens qui ne pensent qu'à divertir le roi et à l'empêcher
de penser à lui. Car il est malheureux, tout roi qu'il est, s'il y
pense.

Voilà tout ce que les hommes ont pu inventer pour se rendre
heureux, et ceux qui font sur cela les philosophes et qui croient
60 que le monde est bien peu raisonnable de passer tout le jour
à courir après un lièvre qu'ils ne voudraient pas avoir acheté,
ne connaissent guère notre nature. Ce lièvre ne nous garanti-
rait pas de la vue de la mort et des misères, mais la chasse,
qui nous en détourne, nous en garantit. Et ainsi le conseil

---

1. *Languissante* : peu exaltante; 2. Cette dernière phrase est notée en marge. Montaigne avait dit déjà (III, VIII) : « L'agitation et la chasse est proprement de notre gibier »; 3. L'édition de Port-Royal a changé cette expression en « le bruit et le tumulte du monde ». Pour Pascal *remuement* désigne uniquement l'agitation extérieure; 4. *De ce qu'on essaie* : le fait qu'on essaie.

65 qu'on[1] donnait à Pyrrhus de prendre le repos qu'il allait chercher par tant de fatigues, recevait bien des difficultés.

[...] Ils ont un instinct secret qui les porte à chercher le
divertissement et l'occupation[2] au-dehors, qui vient du ressentiment[3] de leurs misères continuelles. Et ils ont un autre instinct
70 secret qui reste de la grandeur de notre première nature, qui
leur fait connaître que le bonheur n'est en effet que dans le
repos et non pas dans le tumulte. Et de ces deux instincts
contraires il se forme en eux un projet confus qui se cache
à leur vue dans le fond de leur âme, qui les porte à tendre au
75 repos par l'agitation et à se figurer toujours que la satisfaction
qu'ils n'ont point leur arrivera si en surmontant quelques
difficultés qu'ils envisagent ils peuvent s'ouvrir par là la
porte au repos.

Ainsi s'écoule toute la vie; on cherche le repos en combattant
80 quelques obstacles et si on les a surmontés le repos devient
insupportable par l'ennui qu'il engendre. Il en faut sortir et
mendier le tumulte.

Car ou l'on pense aux misères qu'on a ou à celles qui nous
menacent. Et quand on se verrait même assez à l'abri de toutes
85 parts, l'ennui de son autorité privée ne laisserait pas de sortir[4]
du fond du cœur où il a des racines naturelles, et de remplir
l'esprit de son venin.

Ainsi l'homme est si malheureux qu'il s'ennuierait même
sans aucune cause d'ennui par l'état propre de sa complexion.
90 Et il est si vain[5] qu'étant[6] plein de mille causes essentielles
d'ennui, la moindre chose comme un billard[7] et une balle
qu'il pousse, suffisent pour le divertir.

Mais, direz-vous, quel objet[8] a-t-il en tout cela? celui de
se vanter demain entre ses amis de ce qu'il a mieux joué qu'un
95 autre. Ainsi les autres suent dans leur cabinet pour montrer
aux savants qu'ils ont résolu une question d'algèbre qu'on
n'aurait pu trouver jusqu'ici, et tant d'autres s'exposent aux
derniers périls pour se vanter ensuite d'une place qu'ils auront

---

1. *On* : désigne Cinéas, le sage conseiller de Pyrrhus; anecdote citée par Montaigne (I, XLII); 2. *Occupation* et *divertissement* sont, pour Pascal, deux termes à
peu près synonymes; 3. *Ressentiment :* conscience profonde; 4. Ne manquerait pas
de sortir; 5. *Vain :* frivole; 6. Apposition à *le* (divertir), construction aujourd'hui
incorrecte; 7. Un *billard* est un bâton recourbé avec lequel on poussait les boules;
8. *Quel objet :* quel but.

prise aussi sottement à mon gré. Et enfin les autres se tuent
100 pour remarquer toutes ces choses, non pas pour en devenir
plus sages, mais seulement pour montrer qu'ils les savent,
et ceux-là sont les plus sots de la bande puisqu'ils le sont avec
connaissance, au lieu qu'on peut penser des autres qu'ils ne
le seraient plus, s'ils avaient cette connaissance.
105   Tel homme passe sa vie sans ennui en jouant tous les jours
peu de chose. Donnez-lui tous les matins l'argent qu'il peut
gagner chaque jour, à la charge qu'il ne joue point[1], vous le
rendez malheureux. On dira peut-être que c'est qu'il recherche
l'amusement du jeu et non pas le gain. Faites-le donc jouer
110 pour rien, il ne s'y échauffera pas et s'y ennuiera. Ce n'est
donc pas l'amusement seul qu'il recherche. Un amusement
languissant et sans passion l'ennuiera. Il faut qu'il s'y échauffe,
et qu'il se pipe lui-même en s'imaginant qu'il serait heureux
de gagner ce qu'il ne voudrait pas qu'on lui donnât à condition
115 de ne point jouer, afin qu'il se forme un sujet de passion et
qu'il excite sur cela son désir, sa colère, sa crainte pour cet
objet qu'il s'est formé comme les enfants qui s'effraient du
visage qu'ils ont barbouillé[2].
    D'où vient que cet homme qui a perdu depuis peu de mois
120 son fils unique et qui, accablé de procès et de querelles[3] était
ce matin si troublé, n'y pense plus maintenant? Ne vous en
étonnez pas, il est tout occupé à voir par où passera ce sanglier[4] que ses chiens poursuivent avec tant d'ardeur depuis
six heures. Il n'en faut pas davantage. L'homme, quelque
125 plein de tristesse qu'il soit, si on peut gagner sur lui de le
faire entrer en quelque divertissement, le voilà heureux pendant ce temps-là, et l'homme quelque heureux qu'il soit, s'il
n'est diverti et occupé par quelque passion ou quelque amusement, qui empêche l'ennui de se répandre, sera bientôt
130 chagrin[5] et malheureux. Sans divertissement il n'y a point de
joie; avec le divertissement, il n'y a point de tristesse. Et
c'est aussi ce qui forme le bonheur des personnes[6] de grande

---

1. A condition qu'il ne joue point; 2. Montaigne (II, XII) : « C'est pitié que nous
nous pipons de nos propres singeries et inventions, comme les enfants qui s'effrayent
de ce même visage qu'ils ont barbouillé et noirci à leur compagnon »; 3. *Querelles :*
plus général que « procès », qui évoque une action judiciaire; 4. Le sanglier « cherche
le change ». Le chasseur qui suit ses chiens à cheval, ne doit perdre sa trace; 5. *Chagrin :* sombre et morose; 6. L'observation s'étend de l'homme de condition privée
aux « personnes de grande condition », hautes personnalités de l'État.

Phot. Larousse.

PAGE AUTOGRAPHE DU MANUSCRIT DE PASCAL

Début du passage sur la *Disproportion de l'homme*. (Page 108.)

condition, qu'ils ont un nombre de personnes qui les divertissent et qu'ils ont le pouvoir de se maintenir en cet état.
135   Prenez-y garde, qu'est-ce autre chose d'être surintendant[1],
chancelier[2], premier président[3] sinon d'être en une condition
où l'on a le matin un grand nombre de gens qui viennent
de tous côtés pour ne leur laisser pas une heure en la journée
où ils puissent penser à eux-mêmes; et quand ils sont dans la
140 disgrâce[4], et qu'on les renvoie à leurs maisons des champs[5]
où ils ne manquent ni de biens ni de domestiques pour les
assister dans leur besoin, ils ne laissent pas d'être misérables
et abandonnés parce que personne ne les empêche de songer
à eux.

139 (143)

145   *Divertissement.*

On charge les hommes dès l'enfance du soin de leur bonheur,
de leur bien, de leurs amis, et encore du bien et de l'honneur
de leurs amis, on les accable d'affaires, de l'apprentissage des
langues et d'exercices, et on leur fait entendre qu'ils ne sau-
150 raient être heureux, sans que leur santé, leur honneur, leur
fortune, et celles de leurs amis soient en bon état, et qu'une
seule chose qui manque les rendra malheureux. Ainsi on leur
donne des charges et des affaires qui les font tracasser dès la
pointe du jour. Voilà direz-vous une étrange manière de les
155 rendre heureux; que pourrait-on faire de mieux pour les rendre
malheureux? Comment, ce qu'on pourrait faire : il ne faudrait
que leur ôter tous ces soucis, car alors ils se verraient, ils pen-
seraient à ce qu'ils sont, d'où ils viennent, où ils vont, et ainsi
on ne peut trop les occuper et les détourner[6]. Et c'est pourquoi
160 après leur avoir tant préparé d'affaires, s'ils ont quelque temps
de relâche, on leur conseille de l'employer à se divertir, et
jouer, et s'occuper toujours tout entiers.
    Que le cœur de l'homme est creux et plein d'ordure[7]. **(14)**

---

1. *Surintendant :* administrateur général des finances du royaume; 2. *Chancelier :*
premier officier de la couronne; 3. *Premier président* du Parlement : le plus haut
degré de la magistrature; 4. Allusion à des événements historiques relatés dans les
Mémoires du cardinal de Retz et dont on avait certainement parlé devant Pascal :
disgrâces du surintendant d'Émery (10 juillet 1648) et du premier président Molé
(décembre 1651); 5. Ce sont les termes mêmes dans lesquels était signifiée la disgrâce; 6. *Occuper, détourner :* synonymes de « divertir »; 7. Expression assez inatten-
due dans sa violence biblique.

● IX. PHILOSOPHES (140-146)

[Pas plus que le commun des mortels, les philosophes ne sont
en mesure de donner une véritable définition du bonheur. Ici, Pascal
vise en particulier les stoïciens.]

141 (509)

Philosophes.

La belle chose de crier à un homme qui ne se connaît pas,
qu'il aille de lui-même à Dieu. Et la belle chose de le dire à
un homme qui se connaît.

143 (464)

5   *Philosophes.*

Nous sommes pleins de choses qui nous jettent au-dehors.
Notre instinct nous fait sentir qu'il faut chercher notre
bonheur hors de nous. Nos passions nous poussent au-dehors,
quand même les objets ne s'offriraient pas pour les exciter.
10 Les objets du dehors nous tentent d'eux-mêmes et nous appellent
quand même nous n'y pensons pas. Et ainsi les philosophes

━━━━━━ QUESTIONS ━━━━━━

14. Sur les fragments relatifs au « Divertissement ». — Étudiez
soigneusement le mouvement de la pensée dans ce chapitre. Montrez
comment elle repose sur deux idées essentielles : *a)* il est impossible
pour l'homme de demeurer « en repos », c'est-à-dire replié sur lui-même,
car, dans ce cas, il est malheureux devant le spectacle de sa misère;
b) l'action provoque en lui une illusion de bonheur, car s'il oublie sa
misère, en même temps, il s'oublie lui-même. — Pascal veut montrer,
nous dit J. Mesnard, « la vanité de tout effort humain tendant vers le
bonheur »; relevez dans le texte tous les mots, toutes les expressions
qui mettent en lumière cette idée de vanité. — Le XVIIe siècle et les « divertissements » : comparez les propos de Pascal au chapitre de Rabelais
sur les « Thélémites ». — Étudiez la précision de l'analyse psychologique
dans cette fuite devant l'ennui et devant la pensée, que représentent
les jeux, la chasse, les grands emplois. — H. Lefebvre (« Cahiers de Royaumont »), voyant dans les deux aspects du divertissement « deux aspects
de la réalité humaine dans son effort pour se suffire et se définir, et dans
son impuissance et son échec à se suffire et à se définir », ajoute : « C'est
peut-être la prestigieuse subtilité de Pascal d'avoir montré que la vie,
et la déception de la vie, tient dans le passage perpétuel et le renvoi de
l'un à l'autre (repos-mouvement) et de telle sorte qu'on ne peut jamais
s'arrêter dans la vie, et qu'elle perd toute espèce de sens parce qu'elle
se détruit elle-même, étant fondamentalement contradictoire. » Commentez. — Divertissement pascalien et aliénation hégélienne.

ont beau dire : rentrez-vous en vous-mêmes, vous y trouverez votre bien; on ne les croit pas et ceux qui les croient sont les plus vides et les plus sots.

144 (360)

15 Ce que les stoïques proposent est si difficile et si vain.

Les stoïques posent : tous ceux qui ne sont point au haut degré de sagesse sont également fous[1], et vicieux, comme ceux qui sont à deux doigts dans l'eau[2].

145 (461)

Les trois concupiscences ont fait trois sectes et les philo-
20 sophes n'ont fait autre chose que suivre une des trois concupiscences[3].

146 (350)

Stoïques.

Ils concluent qu'on peut toujours ce qu'on peut quelquefois et que puisque le désir de la gloire fait bien faire à ceux qu'il
25 possède quelque chose, les autres le pourront bien aussi.

Ce sont des mouvements fiévreux que la santé ne peut imiter[4].

Épictète conclut de ce qu'il y a des chrétiens constants que chacun le peut bien être.

398 (525)   ● PNC. Série I.

Les philosophes ne prescrivaient point des sentiments pro-
30 portionnés aux deux états.

Ils inspiraient des mouvements de grandeur pure et ce n'est pas l'état de l'homme.

Ils inspiraient des mouvements de bassesse pure et ce n'est pas l'état de l'homme.

---

1. L'un des plus célèbres paradoxes de la doctrine stoïcienne : la vertu ne comporte pas de degrés. Montaigne (II, ii) trouvait que cette proposition « n'est pas croyable »; 2. Sous-entendu : n'en meurent pas moins noyés; 3. Concupiscence de la chair (épicuriens), concupiscence des yeux (Platon, Aristote); orgueil de la vie (stoïciens). — Brunschvicg note à ce propos : « D'après le sens que Pascal donne au mot « philosophe » dans un très grand nombre de fragments, il apparaît que la concupiscence propre aux philosophes est, non pas la curiosité, mais l'orgueil. Les stoïciens « se sont perdus dans la présomption de ce que l'on peut »; et en rapportant à leurs propres forces l'effort de la sagesse, ils se sont révoltés contre Dieu »; 4. « Il semble qu'il y ait des mouvements naturels les uns, les autres fiévreux et à grands coups. » (Montaigne I, xxx).

35   Il faut des mouvements de bassesse, non de nature, mais de pénitence non pour y demeurer mais pour aller à la grandeur. Il faut des mouvements de grandeur, non de mérite mais de grâce et après avoir passé par la bassesse[1].

407 (465)   ● PNC. *Ibidem.*

Les stoïques disent : rentrez au-dedans de vous-même, c'est
40 là où[2] vous trouverez votre repos. Et cela n'est pas vrai.

Les autres disent : sortez dehors et cherchez le bonheur en un divertissement. Et cela n'est pas vrai, les maladies viennent.

Le bonheur n'est ni hors de nous ni dans nous; il est en Dieu et hors et dans nous. **(15)**

● X. LE SOUVERAIN BIEN (147-148)

[Ce bonheur suprême, dont l'homme déchu traîne la nostalgie, seule la foi peut le lui rendre.]

148 (425)

Seconde partie.

Que l'homme sans la foi ne peut connaître le vrai bien, ni la justice.

Tous les hommes recherchent d'être heureux. Cela est sans
5 exception, quelques différents moyens qu'ils y emploient. Ils tendent tous à ce but. Ce qui fait que les uns vont à la guerre et que les autres n'y vont pas, est ce même désir qui est dans

---

1. Ces distinctions sont développées par Pascal dans le fragment des trois ordres de grandeur; 2. Construction aujourd'hui incorrecte, mais fréquente au XVIIᵉ siècle. Nous écririons maintenant : « C'est là que. »

——— **QUESTIONS** ———

15. Sur les fragments relatifs aux « Philosophes ». — Montrez que le reproche fondamental adressé par Pascal aux « philosophes » (les stoïciens et les autres) est de ne pas rendre compte et de ne pas tenir compte de la nature humaine dans sa totalité, c'est-à-dire dans sa dualité essentielle et dans ses contradictions. — Pour quelles raisons Épictète inspirait-il de la sympathie à saint François de Sales, qui était cependant hostile à la « morale naturelle »? Étudiez les rapports et les points de contact entre l'éthique stoïcienne (dont on trouve des traces chez Descartes et Corneille) et l'éthique chrétienne dans la première moitié du XVIIᵉ siècle. — L'attitude de Pascal à l'égard du stoïcisme.

tous les deux accompagné de différentes vues[1]. La volonté [ne]
fait jamais la moindre démarche que vers cet objet[2]. C'est le
10 motif de toutes les actions de tous les hommes, jusqu'à[3] ceux
qui vont se pendre.

Et cependant depuis un si grand nombre d'années jamais
personne, sans la foi, n'est arrivé à ce point où tous visent
continuellement. Tous se plaignent, princes, sujets, nobles,
15 roturiers, vieux, jeunes, forts, faibles, savants, ignorants, sains,
malades de tous pays, de tous les temps, de tous âges, et de
toutes conditions.

Une épreuve si longue, si continuelle et si uniforme devrait
bien nous convaincre de notre impuissance d'arriver au bien[4]
20 par nos efforts. Mais l'exemple nous instruit peu. Il n'est jamais
si parfaitement semblable qu'il n'y ait quelque délicate différence et c'est de là que nous attendons que notre attente ne
sera pas déçue en cette occasion comme en l'autre, et ainsi le
présent ne nous satisfaisant jamais, l'expérience[5] nous pipe,
25 et de malheur en malheur nous mène jusqu'à la mort qui en
est un comble éternel.

Qu'est-ce donc que nous crie[6] cette avidité et cette impuissance sinon qu'il y a eu autrefois dans l'homme un véritable
bonheur, dont il ne lui reste maintenant que la marque et la
30 trace toute vide et qu'il essaye inutilement de remplir de tout
ce qui l'environne, recherchant des choses absentes le secours
qu'il n'obtient pas des présentes, mais qui en sont toutes incapables parce que ce gouffre infini ne peut être rempli que par
un objet infini et immuable, c'est-à-dire que par Dieu même.
35 Lui seul est son véritable bien. Et depuis qu'il l'a quitté,
c'est une chose étrange qu'il n'y a rien dans la nature qui n'ait
été capable de lui en tenir la place, astres, ciel, terre, éléments[7],
plantes, choux, poireaux, animaux, insectes, veaux, serpents[8],
fièvre[9], peste, guerre, famine, vices, adultère, inceste. Et depuis

---

1. *Vues :* points de vue concernant les moyens à employer; **2.** *Cet objet :* ce dessein;
3. Y compris même ceux...; **4.** *Bien :* bonheur; **5.** L'expérience, ou l'épreuve, nous
trompe « parce que nous l'interprétons toujours de manière à y trouver quelque
motif d'espérer mieux à l'avenir » (Brunschvicg); **6.** L'emploi de ce verbe est, peut-
être, un souvenir d'un passage de saint Augustin, qui, dans son traité *De vita beata*,
fait entendre aux mortels qui voguent sur l'océan du monde, et dont des lumières
trompeuses attirent vers des écueils, une voix qui, du port, leur crie de venir y trouver le vrai bonheur; **7.** Montaigne (II, XII, « Apologie de Raymond Sebond »), dit
de Platon qu'il « fait le monde, les astres, la terre, et nos âmes dieux »; **8.** « J'aurais
encore plutôt suivi ceux qui adoraient le serpent, le chien et le bœuf » (Montaigne,
II, XII); **9.** Épictète signale qu'à Rome on avait élevé un autel à la fièvre.

40 qu'il a perdu le vrai bien, tout également peut lui paraître
tel jusqu'à sa destruction propre, quoique si contraire à Dieu,
à la raison et à la nature tout ensemble[1].

Les uns le cherchent dans l'autorité, les autres dans les
curiosités et dans les sciences, les autres dans les voluptés.

45 D'autres qui en ont en effet plus approché ont considéré
qu'il est nécessaire que ce bien universel que tous les hommes
désirent ne soit dans aucune des choses particulières qui ne
peuvent être possédées que par un seul et qui étant partagées
affligent plus leurs possesseurs par le manque de la partie qu'ils
50 n'ont pas, qu'elles ne les contentent par la jouissance de celle
qui lui appartient. Ils ont compris que le vrai bien devait être
tel que tous pussent le posséder à la fois sans diminution et
sans envie, et que personne ne le pût perdre contre son gré,
et leur raison est que ce désir étant naturel à l'homme puis-
55 qu'il est nécessairement dans tous et qu'il ne peut pas ne le
pas avoir, ils en concluent...[2] **(16)**

● XI. APR (149)

[Notes prises par Pascal pour sa conférence de Port-Royal en
1658. Les initiales APR signifient sans doute « A Port-Royal ».]

● APR. Commencement, après avoir expliqué l'incompréhensibilité.

[...] Quelle religion nous enseignera donc à guérir l'orgueil,
et la concupiscence? quelle religion enfin nous enseignera
notre bien, nos devoirs, les faiblesses qui nous en détournent,

---

1. Les stoïciens toléraient le suicide; 2. « Au-delà des trois concupiscences qui sont
essentiellement individuelles, la raison conçoit un bien universel. Ce bien réside dans
la liberté intérieure, et chacun peut l'acquérir au même titre, et le conserver, sans
nuire ni porter envie à son prochain. L'universalité est le critérium de toute morale
rationnelle; elle suffira même, suivant Kant, à fournir à l'homme un principe d'action.
Seulement, ce que Pascal devait indiquer dans la suite de ce fragment, c'est que cette
universalité est une forme vide : le bien universel ne peut résider dans un simple
principe de la raison; il faut qu'il soit substantiel, il faut que ce soit un être » (note
de Brunschvicg).

─── **QUESTIONS** ───

16. SUR LE FRAGMENT RELATIF AU « SOUVERAIN BIEN ». — Étudiez
l'allure oratoire de ce texte et son caractère pathétique. Montrez que
Pascal aborde ici un tournant important de son *Apologie*. — N'y a-t-il
pas quelque chose de forcé et de caricatural dans le résumé que fait
Pascal des « mythologies »?

la cause de ces faiblesses, les remèdes qui les peuvent guérir,
5 et le moyen d'obtenir ces remèdes. Toutes les autres religions
ne l'ont pu. Voyons ce que fera la sagesse de Dieu[1].

N'attendez point, dit-elle, ô hommes, ni vérité, ni consolation des hommes. Je suis celle qui vous ai formés et qui puis
seule vous apprendre qui vous êtes.

10 Mais, vous n'êtes plus maintenant en l'état où je vous ai
formés. J'ai créé l'homme saint[2], innocent[3], parfait[4], je l'ai
rempli de lumière et d'intelligence, je lui ai communiqué[5] ma
gloire et mes merveilles. L'œil de l'homme voyait alors la
majesté de Dieu. Il n'était pas alors dans les ténèbres qui
15 l'aveuglent, ni dans la mortalité et dans les misères qui
l'affligent[6].

Mais il n'a pu soutenir[7] tant de gloire sans tomber dans la
présomption. Il a voulu se rendre centre de lui-même[8] et indépendant de mon secours. Il s'est soustrait de ma domination, et,
20 s'égalant[9] à moi par le désir de trouver sa félicité en lui-même,
je l'ai abandonné à lui, et révoltant les créatures qui lui
étaient soumises, je les lui ai rendues ennemies, en sorte qu'aujourd'hui l'homme est devenu semblable aux bêtes, et dans
un tel éloignement de moi qu'à peine lui reste(-t-)il une lumière
25 confuse de son auteur tant toutes ces connaissances ont été
éteintes ou troublées. Les sens indépendants de la raison et
souvent maîtres de la raison l'ont emporté à la recherche des
plaisirs[10]. Toutes les créatures ou l'affligent ou le tentent, et
dominent sur lui ou en le soumettant par leur force ou en le
30 charmant par leur douceur[11], ce qui est une domination plus
terrible et plus injurieuse[12].

Voilà l'état où les hommes sont aujourd'hui. Il leur reste
quelque instinct impuissant du bonheur de leur première nature,
et ils sont plongés dans les misères de leur aveuglement et de
35 leur concupiscence qui est devenue leur seconde nature.

---

1. *Sagesse de Dieu*. C'est, dans la Bible, la première personnification du Verbe :
« Puissance de Dieu et sagesse de Dieu » (saint Paul, Première Épître aux Corinthiens); 2. La grâce, à l'origine, était donnée à l'homme comme un privilège spécifique; 3. Malgré la liberté qu'il avait de faire le bien ou le mal, sa volonté, fortifiée
par la grâce, allait au bien; 4. C'est ce que les théologiens appellent l'état de « nature
intègre »; 5. J'ai mis en commun avec lui; 6. Pascal marque la différence entre l'état
de sainteté et celui de l'homme déchu (misère de l'esprit : ignorance; misère de la
chair : souffrances et mort); 7. *Soutenir :* supporter le poids de; 8. Définition de
l'amour-propre; 9. Puisqu'il s'égalait; 10. Définition de la concupiscence; 11. Les
deux participes reprennent les deux verbes *affligent* et *tentent*. Notez le balancement
oratoire de la phrase; 12. *Terrible* par ses conséquences (mort éternelle), *injurieuse*
par sa nature.

De ce principe que je vous ouvre vous pouvez reconnaître
la cause de tant de contrariétés qui ont étonné tous les hommes
et qui les ont partagés en de si divers[1] sentiments. Observez
maintenant tous les mouvements de grandeur et de gloire que
40 l'épreuve de tant de misères ne peut étouffer et voyez s'il ne
faut pas que la cause en soit en une autre nature. **(17)**

● XII. COMMENCEMENT (150 à 166)

[Pascal ne peut s'en tenir à une solution théorique. Il lui faut
préparer son « libertin » aux preuves et établir ces preuves. Ici
« commence » la deuxième partie de l'*Apologie* (chapitres XII à XXVII).]

150 (226)

Les impies qui font profession de suivre la raison doivent
être étrangement forts en raison.

Que disent-ils donc?

Ne voyons-nous pas, disent-ils, mourir et vivre les bêtes
5 comme les hommes, et les Turcs comme les chrétiens; ils ont
leurs cérémonies, leurs prophètes, leurs docteurs, leurs saints,
leurs religieux comme nous, etc...

Cela est-il contraire à l'Écriture? ne dit-elle pas tout cela?[2]

Si vous ne vous souciez guère de savoir la vérité, en voilà
10 assez pour vous laisser en repos. Mais si vous désirez de tout
votre cœur de la connaître ce n'est pas assez regardé au détail.
C'en serait assez pour une question de philosophie, mais ici
où il va de tout... Et cependant après une réflexion légère de
cette sorte on s'amusera, etc...

---

1. *Divers* : opposés; 2. Cette phrase est entre parenthèses et en marge dans le
manuscrit.

———— QUESTIONS ————

17. Sur le fragment intitulé « APR ». — On expliquera la solidité de cette page du point de vue théologique. Pascal s'y inspire des
textes bibliques et du traité de saint Augustin *(Du péché originel)*, expli-
quant comment l'homme, roi de la création, a entraîné dans sa chute
toutes les créatures qui lui étaient soumises et détruit l'harmonie qui
avait été établie par Dieu à son profit. — Étudiez le style de Pascal théo-
logien; comment met-il en pratique le principe qu'il a lui-même exprimé
dans le fragment 675 : *Ceux-là honorent bien la nature qui lui apprennent
qu'elle peut parler de tout, et même de théologie.* — Étudiez soigneusement l'éloquence de Pascal dans ce passage : l'usage de la prosopopée,
la science des rythmes, le mouvement dramatique.

15 Qu'on s'informe de cette religion, même si elle ne rend pas raison de cette obscurité, peut-être qu'elle nous l'apprendra[1].

151 (211)

Nous sommes plaisants de nous reposer dans la société de nos semblables, misérables comme nous, impuissants comme nous; ils ne nous aideront pas : on mourra seul.

20 Il faut donc faire comme si on était seul. Et alors bâtirait-on des maisons superbes[2], etc., on chercherait la vérité sans hésiter. Et si on le[3] refuse on témoigne estimer plus l'estime des hommes que la recherche de la vérité.

152 (213)

Entre nous et l'enfer ou le ciel il n'y a que la vie entre deux

25 qui est la chose du monde la plus fragile.

157 (225)

Athéisme marque[4] de force d'esprit, mais jusqu'à un certain degré seulement.

160 (257)

Il n'y a que trois sortes de personnes : les uns[5] qui servent Dieu l'ayant trouvé, les autres qui s'emploient à le chercher

30 ne l'ayant pas trouvé, les autres qui vivent sans le chercher ni l'avoir trouvé. Les premiers sont raisonnables et heureux, les derniers sont fous et malheureux. Ceux du milieu[6] sont malheureux et raisonnables.

162 (189)

Commencer par plaindre les incrédules, ils sont assez malheu-

35 reux par leur condition.

---

1. Cette obscurité, Pascal se proposait de montrer qu'elle est à double fin : écarter ceux qui sont en dehors de la foi, confirmer et fortifier ceux qui sont au-dedans; 2. Peut-être une allusion à la maison de campagne de Bienassis, que son beau-frère Florin Périer faisait construire en 1648 : « Nous l'avons conseillé de bâtir bien moins qu'il ne prétendait et rien que le simple nécessaire... » (Lettre de Blaise et de Jacqueline à Gilberte Périer, 5 novembre 1648); 3. De faire comme si on était seul; 4. « Il semble qu'il faut autant et peut-être plus de force et de roideur d'âme à rebuter et résolument se dépouiller de l'appréhension et créance de Dieu, comme à bien et constamment se tenir ferme à lui » (Charron, *Trois Vérités*, I, III). Pascal ne souscrit qu'avec réserve à cette opinion; 5. Accord pour le sens : syllepse; 6. C'est vers ceux-là que vont toutes les sympathies de Pascal; c'est peut-être surtout en pensant à eux qu'il travaillait à son *Apologie*.

Il ne les faudrait injurier qu'au cas que cela servît, mais cela leur nuit[1].

165 (210)

Le dernier acte est sanglant, quelque belle que soit la comédie en tout le reste. On jette enfin de la terre sur la tête et en 40 voilà pour jamais.

166 (183)

Nous courons sans souci dans le précipice après que nous avons mis quelque chose devant nous pour nous empêcher de le voir. **(18)**

● XII bis. « L'ARGUMENT DU PARI »

[A ce chapitre XII semble devoir se rattacher le fragment « Infini-Rien », connu sous le nom d' « Argument du pari ». Nous donnons intégralement ce morceau, qui a provoqué de nombreuses controverses : « Il n'y a guère de page des *Pensées* qui présente de difficultés plus graves et ne soit, du point de vue littéraire, plus indigne de l'auteur des *Provinciales* » (J. Orcibal).]

418 (233)   ● PNC. Série II.

Infini rien.

Notre âme est jetée dans le corps où elle trouve nombre, temps, dimensions, elle raisonne là-dessus et appelle cela nature, nécessité[2], et ne peut croire autre chose.
5   L'unité jointe à l'infini ne l'augmente de rien, non plus qu'un pied à une mesure infinie; le fini s'anéantit en présence de

---

1. Remarquable aveu plein de « naïveté » et de « franchise » chez un être qui se connaît prompt à tomber dans « ce vice subtil que les mystiques nomment colère spirituelle » (J. Orcibal); 2. Alors que ce n'est qu'un effet de la coutume, laquelle est un résultat du hasard qui a uni l'âme et le corps, natures hétérogènes.

──── **QUESTIONS** ────

18. SUR LES FRAGMENTS INTITULÉS « COMMENCEMENT ». — Essayez, d'après ces fragments, de préciser quelques-uns des traits du caractère de Pascal. — Montrez que ce qui provoque sa stupeur et son indignation, ce sont les inconséquences des hommes et leur incroyable légèreté. — Pascal et la mort. — Le style de Pascal dans ce chapitre : étudiez les changements de ton.

l'infini et devient un pur néant[1]. Ainsi notre esprit devant Dieu, ainsi notre justice devant la justice divine. Il n'y a pas si grande disproportion[2] entre notre justice et celle de Dieu qu'entre
10 l'unité et l'infini.

Il faut que la justice de Dieu soit énorme comme sa miséricorde. Or la justice envers les réprouvés est moins énorme et doit moins choquer que la miséricorde envers les élus[3].

Nous connaissons qu'il y a un infini, et ignorons sa nature
15 comme nous savons qu'il est faux que les nombres soient finis. Donc il est vrai qu'il y a un infini en nombre, mais nous ne savons ce qu'il est. Il est faux qu'il soit pair, il est faux qu'il soit impair, car en ajoutant l'unité il ne change point de nature. Cependant c'est un nombre, et tout nombre est pair ou impair.
20 Il est vrai que cela s'entend de tout nombre fini.

Ainsi[4] on peut bien connaître qu'il y a un Dieu sans savoir ce qu'il est.

N'y a(-t-)il point une vérité substantielle, voyant tant de choses vraies qui ne sont point la vérité même?

25 Nous connaissons donc l'existence et la nature du fini parce que nous sommes finis et étendus comme lui.

Nous connaissons l'existence de l'infini et ignorons sa nature, parce qu'il a étendue comme nous, mais non pas des bornes comme nous.

30 Mais nous ne connaissons ni l'existence ni la nature de Dieu, parce qu'il n'a ni étendue, ni bornes.

Mais par la foi[5] nous connaissons son existence, par la gloire[6], nous connaîtrons sa nature.

Or j'ai déjà montré[7] qu'on peut bien connaître l'existence
35 d'une chose sans connaître sa nature.

Parlons maintenant selon les lumières naturelles.

---

1. A rapprocher de la conclusion de son *Traité de la sommation des puissances numériques* : « [...] On doit négliger comme nulles les quantités d'ordre inférieur »; 2. Voir le grand chapitre « Disproportion de l'homme » (page 108); 3. Réponse, semble-t-il, à l'accusation d'injustice que les libertins portaient contre le Dieu de saint Augustin; 4. Nouveau parallélisme entre l'infini mathématique et l'infini divin; la connaissance de leur existence ne nous renseigne ni sur leur nature ni sur leurs attributs; 5. Remarque très importante, car le pari n'a de sens que si « la raison ne peut rien déterminer » à l'existence ou à la non-existence de Dieu; 6. *Gloire* : félicité dont les élus jouiront après le jugement (sens théologique); 7. Pascal a soin de souligner les articulations de sa pensée; voir Charron, que Pascal suit de très près (*Trois Vérités*, I, v) : « L'infinité est du tout inconnue [...]. Connaître une chose, c'est la définir, borner, savoir ses confrontations, son étendue [...]. Or, y a-t-il rien plus contraire à l'infinité que ces choses? Donc [...], il faudrait être infini et être Dieu pour connaître Dieu. »

S'il y a un Dieu il est infiniment incompréhensible, puisque n'ayant ni parties ni bornes, il n'a nul rapport à nous. Nous sommes donc incapables de connaître ni ce qu'il est, ni s'il est[1].
40 Cela étant, qui osera entreprendre de résoudre cette question? ce n'est pas nous qui n'avons aucun rapport à lui.

Qui blâmera donc les chrétiens de ne pouvoir rendre raison de leur créance, eux qui professent une religion dont ils ne peuvent rendre raison; ils déclarent en l'exposant au monde
45 que c'est une sottise, *stultitiam*[2], et puis vous vous plaignez de ce qu'ils ne la prouvent pas. S'ils la prouvaient, ils ne tiendraient pas parole. C'est en manquant de preuve qu'ils ne manquent pas de sens[3]. Oui, mais encore que cela excuse ceux qui l'offrent telle, et que cela les ôte du blâme de la produire
50 sans raison[4], cela n'excuse pas ceux qui la reçoivent[5]. Examinons donc ce point. Et disons : Dieu est ou il n'est pas; mais de quel côté pencherons-nous? la raison n'y peut rien déterminer. Il y a un chaos infini qui nous sépare[6]. Il se joue un jeu à l'extrémité de cette distance infinie, où il arrivera
55 croix[7] ou pile. Que gagerez-vous? par raison[8] vous ne pouvez faire ni l'un ni l'autre; par raison vous ne pouvez défaire nul des deux.

Ne blâmez[9] donc pas de fausseté ceux qui ont pris un choix, car vous n'en[10] savez rien. Non[11], mais je les blâmerai d'avoir
60 fait non ce choix, mais un choix, car, encore que celui qui prend croix et l'autre soient en pareille faute, ils sont tous deux en faute; le juste est de ne point parier.

---

1. En mettant sur le même plan *ce qu'il est* et *s'il est*, Pascal s'expose à l'accusation de fidéisme; 2. Pascal retourne contre ses adversaires leurs propres arguments et « transforme l'obstacle en tremplin ». — Allusion à un passage de saint Paul (Première Épître aux Corinthiens, I, 19), traduit par Montaigne dans son « Apologie de Raymond Sebond » : « Je détruirai la sapience des sages et abattrai la prudence des prudents : où est le sage? où est l'écrivain? où est le disputateur de ce siècle? Dieu n'a-t-il pas abêti la sapience de ce monde? Car, puisque le monde n'a point connu Dieu par sapience, il lui a plu par l'ignorance et simplesse de la prédication, sauver les croyants. » « S'il se trouvait raison humaine suffisante pour prouver une déité, il n'y en aurait point » (Charron, *Trois Vérités*, I, v); 3. « C'est aux chrétiens une occasion de croire que de rencontrer une chose incroyable, elle est d'autant plus selon raison qu'elle est contre l'humaine raison »; (Montaigne, II, XII, « Apologie de Raymond Sebond »); 4. Leur épargne le reproche de la proposer sans l'expliquer; 5. L'adoptent; 6. *Qui nous sépare* de Dieu; 7. *Croix* : face. Les monnaies, sur le côté opposé à *pile*, portaient non une effigie, mais une croix; 8. *Par raison* : par le moyen de la raison; 9. *Blâmer* : accuser; 10. *En* : touchant la valeur de ce choix; 11. Objection du libertin.

Oui, mais il faut parier. Cela n'est pas volontaire, vous êtes embarqué. Lequel prendrez-vous donc? Voyons; puisqu'il faut
65 choisir, voyons ce qui vous intéresse le moins[1]. Vous avez deux choses à perdre : le vrai et le bien, et deux choses à enga-ger : votre raison et votre volonté, votre connaissance et votre béatitude, et votre nature deux choses à fuir : l'erreur et la misère. Votre raison n'est pas plus blessée puisqu'il faut néces-
70 sairement choisir, en choisissant l'un que l'autre. Voilà un point vidé. Mais votre béatitude? Pesons le gain et la perte en prenant croix que Dieu est. Estimons ces deux cas : si vous gagnez, vous gagnez tout, et si vous perdez, vous ne perdez rien[1]: gagez donc qu'il est sans hésiter. Cela est admirable. Oui il
75 faut gager, mais je gage peut-être trop[2]. Voyons, puisqu'il y a pareil hasard de gain et de perte, si vous n'aviez qu'à gagner deux vies pour une vous pourriez encore gager, mais s'il y en avait trois à gagner?

Il faudrait jouer (puisque vous êtes dans la nécessité de jouer)[3]
80 et vous seriez imprudent lorsque vous êtes forcé à jouer de ne pas hasarder votre vie pour en gagner trois à un jeu où il y a pareil hasard de perte et de gain. Mais il y a une éternité de vie et de bonheur. Et cela étant, quand il y aurait une infinité de hasards dont un seul serait pour vous, vous auriez encore
85 raison de gager un pour avoir deux, et vous agiriez de mauvais sens[4], en étant obligé à jouer, de refuser de jouer une vie contre trois à un jeu où d'une infinité de hasards il y en a un pour vous, s'il y avait une infinité de vie infiniment heureuse à gagner : mais il y a ici une infinité de vie infiniment heureuse à gagner,
90 un hasard de gain contre un nombre fini de hasards de perte et ce que vous jouez[5] est fini[6]. Cela ôte tout parti[7] partout où est l'infini et où il n'y a pas infinité de hasards de perte contre

---

1. Pascal amorce ici le mouvement tournant qui lui permettra de déloger l'incré-dule de la position où le scepticisme lui a permis de se retrancher. Il place la ques-tion, non plus sur le plan de la raison, et de la vérité, mais sur le terrain du senti-ment et de l'intérêt; 2. Selon M. Orcibal, c'est cette objection du libertin qui aurait amené Pascal à songer à la mise et à mettre son argument sous une forme mathé-matique beaucoup plus originale; 3. Pascal envisage trois hypothèses. La deuxième, fort mal venue, reprend les termes de la première, qui joue à son égard le rôle d'une grille de cryptographe. D'ailleurs, seule la troisième, à l'indicatif, représente la pensée de Pascal (Voir, sur ce sujet, les deux articles de M. Pius Servien, « Revue des cours et conférences », 1930-1931, tome XXXII, page 283, et de Roger E. Lacombe, « Revue philosophique », 1947, page 166.); 4. *De mauvais sens* : avec un jugement erroné; 5. C'est-à-dire la vie terrestre; 6. *Fini* : limité; 7. Il n'y a même pas lieu à probabilité.

celui de gain. Il n'y a point à balancer,[1] il faut tout donner.
Et ainsi quand on est forcé à jouer, il faut renoncer à la raison[2]
95 pour garder la vie plutôt que de la hasarder pour le gain infini,
aussi prêt à arriver que la perte du néant[3].

Car il ne sert de rien de dire qu'il est incertain si on gagnera,
et qu'il est certain qu'on hasarde, et que l'infinie distance qui
est entre la certitude de ce qu'on expose et l'incertitude de ce
100 qu'on gagnera, égale[4] le bien fini qu'on expose certainement
à l'infini qui est incertain. Cela n'est pas ainsi. Tout joueur
hasarde avec certitude pour gagner avec incertitude, et néanmoins il hasarde certainement le fini pour gagner incertainement
le fini, sans pécher contre la raison. Il n'y a pas infinité de
105 distance entre cette certitude de ce qu'on expose et l'incertitude du gain : cela est faux. Il y a, à la vérité, infinité entre la
certitude de gagner et la certitude de perdre, mais l'incertitude de gagner est proportionnée à la certitude de ce qu'on
hasarde selon la proportion des hasards de gain et de perte.
110 Et de là vient que, s'il y a autant de hasards d'un côté que de
l'autre, le parti est à jouer égal contre égal. Et alors la certitude de ce qu'on s'expose est égale à l'incertitude du gain,
tant s'en faut qu'elle en soit infiniment distante. Et ainsi
notre proposition[5] est dans une force infinie, quand il y a
115 le fini à hasarder, à un jeu où il y a pareils hasards de gain
que de perte, et l'infini à gagner.

Cela est démonstratif et si les hommes sont capables de
quelque vérité, celle-là l'est[6].

Je le confesse, je l'avoue, mais encore n'y a-t-il point
120 moyen de voir le dessous du jeu ? — oui l'Écriture et le reste, etc.[7]
Oui mais j'ai les mains liées et la bouche muette, on me force
à parier, et je ne suis pas en liberté, on ne me relâche pas et
je suis fait d'une telle sorte que je ne puis croire. Que voulez-
vous donc que je fasse ? — Il est vrai[8], mais apprenez au moins
125 que votre impuissance à croire vient de vos passions. Puisque

---

1. *Balancer :* hésiter; 2. Il faut être insensé; 3. De cette vie d'ici-bas, qui ne compte
pas; 4. *Egaler :* conférer même valeur; 5. *Notre proposition* de parier; 6. Est une de
ces vérités dont les hommes sont capables; 7. *L'Ecriture et le reste :* ces expressions
annoncent les preuves tirées de l'Écriture qui couronneront l'apologétique de Pascal.
— Mais les libertins manifestaient une nonchalance dégoûtée telle que le pari aurait
gardé aux yeux de Pascal une importance capitale quand bien même il n'eût eu d'autre
rôle que de les conduire à rechercher le *dessous du jeu;* 8. Surprise : Pascal annonce
lui-même que cette recherche sera stérile. C'est que « seul le pur accède au pur ».

la raison vous y porte et que néanmoins vous ne le pouvez, travaillez donc non pas à vous convaincre par l'augmentation des preuves de Dieu, mais par la diminution de vos passions[1]. Vous voulez aller à la foi et vous n'en savez pas le chemin.
130 Vous voulez vous guérir de l'infidélité et vous en demandez les remèdes, apprenez de ceux, etc., qui ont été liés comme vous et qui parient maintenant tout leur bien. Ce sont gens qui savent ce chemin que vous voudriez suivre et guéris d'un mal dont vous voulez guérir; suivez la manière par où ils ont
135 commencé. C'est en faisant tout comme s'ils croyaient, en prenant de l'eau bénite, en faisant dire des messes, etc. Naturellement même cela vous fera croire et vous abêtira[2]. Mais c'est ce que je crains. — Et pourquoi? qu'avez-vous à perdre? mais pour vous montrer que cela y mène, c'est que cela dimi-
140 nue les passions qui sont vos grands obstacles[3], etc.

Fin de ce discours.

Or quel mal vous arrivera-t-il en prenant ce parti? Vous serez fidèle, honnête, humble, reconnaissant, bienfaisant, ami, sincère, véritable... A la vérité vous ne serez point dans les plaisirs empestés, dans la gloire, dans les délices, mais n'en
145 aurez-vous point d'autres?
Je vous dis que vous y gagnerez en cette vie, et que à chaque pas que vous ferez dans ce chemin, vous verrez, tant de certitude de gain, et tant de néant de ce que vous hasardez, que vous connaîtrez à la fin que vous avez parié pour une chose
150 certaine, infinie, pour laquelle vous n'avez rien donné.
O ce discours me transporte, me ravit, etc. Si ce discours vous plaît et vous semble fort, sachez qu'il est fait par un homme qui s'est mis à genoux auparavant et après, pour prier cet être infini et sans parties, auquel il soumet tout le
155 sien, de se soumettre aussi le vôtre pour votre propre bien et

---

1. Invitation à adopter l'attitude qui seule peut permettre d'apercevoir la vérité chrétienne; 2. Comme Descartes, Pascal relègue les passions dans le domaine des habitudes et du corps. Or, la foi chrétienne, loin d'être purement intellectuelle, s'adresse au corps comme à l'esprit. Chez les incrédules, qui tous avaient appartenu à la religion commune, la pratique des gestes anciens ramènera à la conscience les représentations jadis associées à la foi chrétienne; 3. La « machine » joue donc un rôle essentiellement négatif, qui consiste à écarter ce qui s'interposait entre les « preuves » et l'intelligence.

pour sa gloire; et qu'ainsi la force s'accorde avec cette bassesse[1]. (19)

● XIII. SOUMISSION ET USAGE DE LA RAISON (167-188)

[Il faut donc miser sur Dieu et se « mettre en peine de rechercher la vérité ». Dans cette recherche, la raison a sa place, mais il lui faut connaître ses limites.]

167 (269)

Soumission et usage de la raison : en quoi consiste le vrai christianisme.

170 (268)

Soumission.

Il faut savoir douter où il faut, assurer où il faut, en se sou-
5 mettant où il faut. Qui ne fait ainsi n'entend pas la force de

---

1. La force de la démonstration s'accorde avec ce qu'ont de bas, aux yeux du libertin, l'agenouillement et la prière.

--------- QUESTIONS ---------

19. SUR « L'ARGUMENT DU PARI ». — Étudiez soigneusement la structure de ce fragment et soulignez le cheminement et les rebonds assez inattendus de la pensée. — Montrez que Pascal, faisant appel soit à son expérience mathématique, soit à des sources étrangères (Charron, Barcos), soit à des réalités humaines dont il partage la connaissance avec les libertins (le jeu), sait trouver, dans son souci d'apologiste, des formules percutantes qui donnent à sa pensée un relief extraordinaire; relevez ces formules et montrez-en l'intérêt. — Précisez la position de Pascal sur la question de l' « incompréhensibilité » de Dieu. Comment et pourquoi, après avoir discuté avec son libertin, *selon les lumières naturelles*, c'est-à-dire sur le plan de la démonstration rationnelle, et l'avoir amené à reconnaître que *cela est démonstratif*, Pascal passe-t-il au problème concret, celui de l'*abêtissement* et du bonheur que l'on trouve dans la foi? — Commentez ces propos d'Henri Gouhier : « Nous sommes en présence d'un homme pour qui Dieu ne se cache plus, et qui s'adresse à quelqu'un pour qui Dieu est encore caché [...]. Il s'agit d'un dialogue, non pas avec le libertin, mais avec celui qui commence à chercher Dieu, ou du moins qui est malheureux [...]. Il semble que ce discours doive intervenir à la fin de ce qu'on pourrait appeler une première partie de l'*Apologie*. Pascal a commencé par rendre le libertin malheureux, en le tirant de son état d'indifférence; il est en présence de cet homme qui, tout à l'heure, ou hier, vivait en bon épicurien, en honnête homme qui ne se pose pas de questions. Pascal vient de l'obliger à se poser le problème de son salut; et ce libertin d'hier, qui n'est pas encore le chrétien de demain, puisque cela ne dépend de personne, commence à se dire : « Mais il y a peut-être quelque chose d'extrême- « ment sérieux, il faut peut-être y réfléchir. »

la raison. Il y (en) a qui faillent contre ces trois principes, ou en assurant tout comme démonstratif, manque[1] de se connaître en démonstration, ou en doutant de tout, manque de savoir où il faut se soumettre, ou en se soumettant en tout, manque de savoir où il faut juger.

Pyrrhonien, géomètre, chrétien : doute, assurance, soumission.

172 (185)

La conduite de Dieu, qui dispose toutes choses avec douceur, est de mettre la religion dans l'esprit par les raisons et dans le cœur par la grâce, mais de la vouloir mettre dans l'esprit et dans le cœur par la force et par les menaces, ce n'est pas y mettre la religion mais la terreur. *Terrorem potius quam religionem*[2].

179 (256)

Il y a peu de vrais chrétiens. Je dis même pour la foi. Il y en a bien qui croient mais par superstition. Il y en a bien qui ne croient pas, mais par libertinage; peu sont entre-deux.

Je ne comprends pas en cela[3] ceux qui sont dans la véritable piété de mœurs et tous ceux qui croient par un sentiment du cœur.

185 (265)

La foi dit bien ce que les sens ne disent pas, mais non pas le contraire de ce qu'ils voient[4]; elle est au-dessus, et non pas contre.

188 (267)

La dernière démarche de la raison est de reconnaître qu'il y a une infinité de choses qui la surpassent. Elle n'est que faible[5] si elle ne va jusqu'à connaître cela.

---

1. *Manque de* : faute de; **2.** On ignore d'où Pascal a tiré cette citation (« La terreur plutôt que la religion »). Pascal évoque ici la conception fondamentale du christianisme, qui a substitué à la loi de terreur [celle des juifs] le règne de l'amour et de la douceur : « La loi fait non la mort, mais la force du péché » (saint Augustin); **3.** *En cela* : cela se rapporte aux deux catégories extrêmes; **4.** Il ne saurait donc y avoir contradiction entre les données de la foi et celles de l'expérience sensible. Elles n'appartiennent pas au même ordre; **5.** C'est-à-dire : elle est uniquement faible, elle n'a que de la faiblesse.

Que si les choses naturelles la surpassent, que dira-t-on des surnaturelles? **(20)**

● XIV. EXCELLENCE (189-192)

[Excellence de cette manière de prouver Dieu. Dieu ne se prouve donc pas par la raison; il ne se prouve pas directement. Si cela était, l'homme n'en tirerait que de l'orgueil. Il faut un médiateur. Par la connaissance de Jésus-Christ, l'homme évite l'orgueil.]

189 (547)

Dieu par J.-C.

Nous ne connaissons Dieu que par J.-C. Sans ce médiateur est ôtée toute communication avec Dieu. Par J.-C. nous connaissons Dieu. Tous ceux qui ont prétendu connaître Dieu
5 et le prouver sans J.-C. n'avaient que des preuves impuissantes. Mais pour prouver J.-C. nous avons les prophéties qui sont des preuves solides et palpables. Et ces prophéties étant accomplies et prouvées véritables par l'événement marquent la certitude de ces vérités[1] et partant la preuve de la divinité de
10 J.-C.[2] En lui et par lui nous connaissons donc Dieu. Hors de là et sans l'Écriture, sans le péché originel, sans médiateur nécessaire, promis et arrivé, on ne peut prouver absolument Dieu, ni enseigner ni bonne doctrine, ni bonne morale. Mais par J.-C. et en J.-C. on prouve Dieu et on enseigne la morale
15 et la doctrine. J.-C. est donc le véritable Dieu des hommes[3].

---

1. *Ces vérités*, c'est-à-dire le péché originel et la Rédemption, enseignés par Moïse (Genèse, III, 15) et par Isaïe (LIII); **2.** Pascal n'aurait donc pas séparé dans son *Apologie* les preuves historiques de Jésus-Christ de l'exposition de la doctrine; **3.** Pascal avait ajouté : « Et il n'y en a point d'autre. » Il écrira, dans un autre fragment de ce chapitre : « Il est non seulement impossible, mais inutile de connaître Dieu sans Jésus-Christ. »

——— **QUESTIONS** ———

20. SUR LES FRAGMENTS RELATIFS À LA « SOUMISSION ET USAGE DE LA RAISON ». — Examinez le souci de Pascal de délimiter avec la plus grande netteté possible la part de la raison et du jugement dans le « vrai christianisme ». — Raison et autorité : comment Pascal s'oppose-t-il par avance à la politique autoritaire de la fin du règne de Louis XIV (révocation de l'édit de Nantes, dragonnades, etc.)? — Raison et superstition. Comment la foi doit-elle s'appuyer sur la raison pour lutter contre toutes les formes de superstition? — La raison et le surnaturel; miracles et prophéties; comment ce chapitre prépare-t-il les développements de Pascal sur les trois ordres?

Mais nous connaissons en même temps notre misère, car ce Dieu-là n'est autre chose que le réparateur de notre misère. Ainsi nous ne pouvons bien connaître Dieu qu'en connaissant nos iniquités.

20   Aussi ceux qui ont connu Dieu sans connaître leur misère ne l'ont pas glorifié, mais s'en sont glorifiés.

Quia non cognovit per sapientiam, placuit deo per stultitiam predicationis salvos facere[1].

192 (527)

La connaissance de Dieu sans celle de sa misère[2] fait l'orgueil.

25   La connaissance de sa misère sans celle de Dieu fait le désespoir.

La connaissance de J.-C. fait le milieu parce que nous y trouvons, et Dieu et notre misère. **(21)**

● XV. TRANSITION DE LA CONNAISSANCE DE L'HOMME A DIEU (193 à 202)

[Le chemin est ouvert au Médiateur. Encore est-il nécessaire que l'homme s'éveille à l'inquiétude religieuse. Pascal va s'employer à la faire naître avec toutes les ressources de son éloquence.]

194 (208)

Pourquoi ma connaissance est-elle bornée, ma taille, ma durée à cent ans plutôt qu'à mille? quelle raison a eu la nature de me la donner telle et de choisir ce milieu plutôt qu'un autre

---

1. Saint Paul, Première Épître aux Corinthiens, I, 21. Phrase déjà rencontrée dans le fragment du pari; **2.** C'est-à-dire de *notre* misère.

--- QUESTIONS ---

21. SUR LES FRAGMENTS INTITULÉS « EXCELLENCE ». — Étudiez comment Pascal entendait unir étroitement dans son *Apologie* la doctrine chrétienne et les preuves historiques de Jésus-Christ. Commentez ce jugement d'A. Béguin : « Le premier peut-être, Pascal a su ce que, selon Berdiaeff, saura si bien Dostoïevsky : que la question de Dieu est une « question « de l'homme », une question existentielle. »

dans l'infinité, desquels il n'y a pas plus de raison de choisir
5 l'un que l'autre, rien ne tentant plus que l'autre[1]?

198 (693)

H. 5[2].

En voyant l'aveuglement et la misère de l'homme, en regardant tout l'univers muet[3] et l'homme sans lumière abandonné
à lui-même, et comme égaré dans ce recoin de l'univers sans
savoir qui l'y a mis, ce qu'il y est venu faire, ce qu'il deviendra
10 en mourant, incapable de toute connaissance, j'entre en effroi
comme un homme qu'on aurait porté endormi dans une île
déserte et effroyable, et qui s'éveillerait sans connaître et sans
moyen d'en sortir. Et sur cela j'admire[4] comment on n'entre
point en désespoir d'un si misérable état. Je vois d'autres
15 personnes auprès de moi d'une semblable nature. Je leur
demande s'ils[5] sont mieux instruits que moi. Ils me disent que
non et sur cela ces misérables égarés, ayant regardé autour
d'eux et ayant vu quelques objets plaisants, s'y sont donnés
et s'y sont attachés[6]. Pour moi, je n'ai pu y prendre d'attache
20 et, considérant combien il y a plus d'apparence qu'il y a autre
chose que ce que je vois, j'ai recherché si ce Dieu n'aurait
point laissé quelque marque de soi.

Je vois plusieurs religions contraires et, partant, toutes fausses,
excepté une. Chacune veut être crue par sa propre autorité
25 et menace les incrédules. Je ne les crois donc pas là-dessus.
Chacun peut dire cela. Chacun peut se dire prophète, mais
je vois la chrétienne et je trouve des prophéties, et c'est ce que
chacun ne peut pas faire.

---

1. Thème repris par Bossuet dans le *Sermon sur la mort* : « Qu'est-ce que ma sub
stance, ô grand Dieu? »; 2. Cette indication signifiait sans doute : article 5 du chapitre de l'Homme; 3. « En dehors de la voix des prophètes, l'univers lui-même,
bien qu'il soit muet, proclame [...] qu'il a été fait et qu'il n'a pu être fait que par
Dieu. Grandeur et beauté ineffable et invisible » (saint Augustin, *Cité de Dieu*, IV).
L'incrédule que fait parler Pascal n'a retenu que le silence de l'univers; 4. *Admirer :*
s'étonner; 5. Accord pour le sens (syllepse) : *ils* représentent les *personnes* ; 6. Voir
le célèbre fragment de Bossuet dans ses *Notes pour un sermon du jour de Pâques*
à Meaux : « La vie humaine est semblable à une chemin dont l'issue est un précipice affreux [...]. On se console pourtant parce que de temps en temps on rencontre
des objets qui nous divertissent, des eaux courantes, des fleurs qui passent [...]. »

[Le fragment suivant, particulièrement célèbre, est présenté ici avec ses variantes les plus importantes, placées en petits caractères dans les interlignes.]

199 (72)

H.

Disproportion de l'homme.
Incapacité

Que l'homme contemple donc la nature entière dans sa
considère
haute et pleine majesté, qu'il éloigne sa vue des objets bas qui
l'environnent[1]. Qu'il regarde cette éclatante lumière mise
qu'il l'étende à ces feux innombrables qui roulent si fière-
comme une lampe éternelle pour éclairer l'univers, que la
ment sur lui, que cette immense étendue de l'univers , vaste route que le
5 terre lui paraisse comme un point au prix du vaste tour que
soleil décrit en son tour
cet astre décrit, et qu'il s'étonne de ce que ce vaste tour lui-
que ce vaste tour lui-même
même n'est qu'une pointe très délicate à l'égard de celui que
ne soit considéré comme un point
ces astres, qui roulent dans le firmament, embrassent. Mais
si notre vue s'arrête là que l'imagination passe outre, elle se
10 lassera plutôt de concevoir que la nature de fournir. Tout ce
de concevoir des immensités d'espaces que la nature d'en fournir
monde visible n'est qu'un trait imperceptible dans l'ample
petit atome   le vaste,
sein de la nature. Nulle idée n'en approche, nous avons beau
l'immense, l'amplitude
enfler nos conceptions au-delà des espaces imaginables, nous
imaginaires
n'enfantons que des atomes au prix de la réalité des choses.
cette vastitude infinie
15 C'est une sphère infinie dont le centre est partout, la circonfé-
étonnante
rence nulle part[2]. Enfin c'est le plus grand caractère sensible

---

1. « Qui se présente comme dans un tableau cette grande image de notre mère Nature en son entière majesté [...], celui-là seul estime les choses selon leur juste grandeur » (Montaigne, I, XXVI). « Qui lui a persuadé [à l'homme] que le branle admirable de la voûte céleste, la lumière éternelle de ces flambeaux roulant si fièrement sur sa tête ? » (Montaigne, II, XII, « Apologie de Raymond Sebond »); **2.** Formule traditionnelle pour exprimer le caractère purement intelligible de la toute-puissance divine. Dans les recueils médiévaux, elle est attribuée à Empédocle, quelquefois à Hermès Trismégiste (voir la préface des *Essais* par Mlle de Gournay).

de la toute-puissance de Dieu que notre imagination se perde
dans cette pensée.

    Que l'homme, étant revenu à soi, considère ce qu'il est au
20 prix de ce qui est, qu'il se regarde comme égaré, et que de ce
dans ce canton
petit cachot où il se trouve logé, j'entends l'univers, il apprenne
détourné de la Nature et qu'il s'étonne de ce que dans ce petit cachot où il se
à estimer la terre, les royaumes, les villes, les maisons et soi-
trouve logé il n'aperçoive autre chose qu'univers seulement
même, son juste prix.

    Qu'est-ce qu'un homme, dans l'infini?
la nature
25 Mais pour lui présenter un autre prodige aussi étonnant,
qu'il recherche dans ce qu'il connaît les choses les plus délicates, qu'un ciron[1] lui offre dans la petitesse de son corps des
parties incomparablement plus petites, des jambes avec des
jointures, des veines dans ses jambes, du sang dans ses veines,
30 des humeurs dans ce sang, des gouttes dans ces humeurs, des
vapeurs dans ces gouttes, que divisant encore ses dernières
choses il épuise ses forces en ces conceptions et que le dernier
objet où il peut arriver soit maintenant celui de notre discours.
Il pensera peut-être que c'est là l'extrême petitesse de la nature.
35 Je veux lui faire voir là-dedans un abîme nouveau. Je lui
Je veux lui en montrer l'infinie grandeur — un abîme de grandeur
veux peindre non seulement l'univers visible, mais l'immensité
qu'on peut concevoir de la nature dans l'enceinte de ce rac-
inconcevable
courci d'atome, qu'il y voie, une infinité d'univers, dont cha-
infinité de mondes
cun a un firmament, ses planètes, sa terre, en la même pro-
40 portion que le monde visible, dans cette terre des animaux, et
enfin des cirons dans lesquels il retrouvera ce que les premiers
et dans ces cirons une infinité d'univers semblables à ceux qu'il
ont donné, et trouvant encore dans les autres la même chose
vient d'entendre, et toujours des deux profondeurs pareilles, sans fin et sans repos
sans fin et sans repos, qu'il se perdra dans ces merveilles aussi
petites
étonnantes dans leur petitesse, que les autres par leur étendue;
45 car qui n'admirera que notre corps, qui tantôt n'était pas
perceptible dans l'univers, imperceptible lui-même dans le sein

---

1. *Ciron* : petit insecte, qui se développe sur le fromage; il est alors considéré comme le plus petit animal visible, en un temps où le microscope n'existe pas encore.

du tout, soit à présent un colosse, un monde ou plutôt un
tout à l'égard du néant où l'on ne peut arriver? Qui se
considérera de la sorte s'effraiera de soi-même et se consi-
50 dérant soutenu dans la masse que la nature lui a donnée
entre ces deux abîmes de l'infini et du néant, il tremblera
dans la vue de ces merveilles et je crois que, sa curiosité
se changeant en admiration, il sera plus disposé à les
contempler en silence qu'à les rechercher avec présomption[1].
55 Car enfin qu'est-ce que l'homme dans la nature? Un néant
à l'égard de l'infini, un tout à l'égard du néant, un milieu
entre rien et tout, infiniment éloigné de comprendre les extrêmes;
la fin des choses et leurs principes sont pour lui invincible-
ment cachés dans un secret impénétrable.
60 Également incapable de voir le néant d'où il est tiré et l'infini
où il est englouti[2].
Que fera-t-il donc sinon d'apercevoir quelque apparence du
milieu des choses dans un désespoir éternel de connaître ni
leur principe ni leur fin? Toutes choses sont sorties du néant
65 et portées jusqu'à l'infini. Qui suivra ces étonnantes démarches?
l'auteur de ces merveilles les comprend. Tout autre ne le peut
faire.
Manque d'avoir contemplé ces infinis les hommes se sont
portés témérairement à la recherche de la nature comme s'ils
70 avaient quelque proportion avec elle.
C'est une chose étrange qu'ils ont voulu comprendre les
principes des choses et de là arriver jusqu'à connaître tout,
par une présomption aussi infinie que leur objet. Car il est
sans doute qu'on ne peut former ce dessein sans une présomp-
75 tion ou sans une capacité infinie, comme la nature.
Quand on est instruit, on comprend que la nature ayant
gravé son image et celle de son auteur dans toutes choses,
elles tiennent presque toutes de sa double infinité. C'est ainsi
que nous voyons que toutes les sciences sont infinies en l'éten-
80 due de leurs recherches, car qui doute que la géométrie par
exemple a une infinité d'infinités de propositions à exposer. Elles

---

1. Voir la discussion avec le chevalier de Méré, qui ne pouvait comprendre « qu'une
ligne mathématique soit divisible à l'infini ». Pascal fait allusion à cette dispute
dans une lettre à Fermat du 29 juillet 1654 : « Il a très bon esprit, écrit-il, mais il
n'est pas géomètre; c'est, comme vous savez, un grand défaut »; 2. *De l'esprit
géométrique* : « Quelque mouvement, quelque nombre, quelque espace, quelque
temps que ce soit, il y en a toujours un plus grand et un moindre : de sorte qu'ils
se soutiennent tous entre le néant et l'infini, étant toujours infiniment éloignés de
ces deux extrêmes. »

sont aussi infinies dans la multitude et la délicatesse de leurs
principes, car qui ne voit que ceux qu'on propose pour les
derniers ne se soutiennent pas d'eux-mêmes et qu'ils sont
85 appuyés sur d'autres qui en ayant d'autres pour appui ne
souffrent jamais de dernier.

Mais nous faisons des derniers qui paraissent à la raison,
comme on fait dans les choses matérielles où nous appelons
un point indivisible, celui au-delà duquel nos sens n'aper-
90 çoivent plus rien, quoique divisible infiniment et par sa nature.

De ces deux infinis des sciences celui de grandeur est bien
plus sensible, et c'est pourquoi il est arrivé à peu de personnes
de prétendre connaître toutes choses. Je vais parler de tout,
disait Démocrite[1].

95 Mais l'infinité en petitesse est bien moins visible. Les philosophes ont bien plutôt prétendu d'y arriver, et c'est là où
tous ont achoppé. C'est ce qui a donné lieu à ces titres si
ordinaires, *Des principes des choses, Des principes de la philosophie*[2], et aux semblables aussi fastueux en effet, quoique
100 moins en apparence que cet autre qui crève les yeux : *De*
blesse la vue
omni scibili[3].

On se croit naturellement bien plus capable d'arriver au
de diviser
centre des choses que d'embrasser leur circonférence, et l'éten-
jusqu'au bout
due visible du monde nous surpasse visiblement. Mais comme
105 c'est nous qui surpassons les petites choses nous nous croyons
plus capables de les posséder, et cependant il ne faut pas moins
elle nous échappe
de capacité pour aller jusqu'au néant que jusqu'au tout. Il
aussi certainement que nous échappons à l'immensité.
la faut infinie pour l'un et l'autre, et il me semble que qui aurait
compris les derniers principes des choses pourrait aussi arriver
110 jusqu'à connaître l'infini. L'un dépend de l'autre et l'un
conduit à l'autre. Ces extrémités se touchent et se réunissent
à force de s'être éloignées et se retrouvent en Dieu, et en Dieu
seulement.

Connaissons donc notre portée. Nous sommes quelque
occupons une place

---

1. « De même imprudence est cette promesse du livre de Democritus : Je m'en
vais parler de toutes choses » (Montaigne, II, xii); 2. Par exemple les *Principia
philosophiae* de Descartes, publiés en 1644; 3. Titre que Pic de La Mirandole avait
choisi pour l'une des neuf cents thèses qu'il se proposait de soutenir publiquement
à Rome en 1486.

115 chose et ne sommes pas tout. Ce que nous avons d'être nous
dérobe la connaissance des premiers principes[1] qui[2] naissent
éloigne   *viennent*
du néant, et le peu que nous avons d'être nous cache la vue
de l'infini.

Notre intelligence tient dans l'ordre des choses intelligibles
120 le même rang que notre corps dans l'étendue de la nature[3].
                        les choses
Bornés en tout genre, cet état qui tient le milieu entre deux
extrêmes se trouve en toutes nos puissances. Nos sens n'aper-
           en l'homme tout entier
çoivent rien d'extrême, trop de bruit nous assourdit, trop de
           et trop peu
lumière éblouit, trop de distance et trop de proximité empêche
   obscurcit
125 la vue. Trop de longueur et trop de brièveté de discours l'obscurcit, trop de vérité nous étonne[4]. J'en sais qui ne peuvent
comprendre que qui de zéro ôte 4 reste zéro[5]. Les premiers
principes[6] ont trop d'évidence pour nous; trop de plaisir
incommode, trop de consonances déplaisent dans la musique,
130 et trop de bienfaits irritent. Nous voulons avoir de quoi sur-
          nous rendent ingrats.
passer la dette. *Beneficia eo usque laeta sunt dum videntur*
        si elle nous passe, elle blesse.
exsolvi posse. Ubi multum antevenere pro gratia odium redditur[7].
Nous ne sentons ni l'extrême chaud, ni l'extrême froid[8]. Les
      le grand
qualités excessives nous sont ennemies et non pas sensibles,
         nous blessent plus que nous (ne les sentons)
135 nous ne les sentons plus, nous les souffrons[9]. Trop de jeunesse
nous les souffrons, nous ne les sentons plus
et trop de vieillesse empêche l'esprit; trop et trop peu d'ins-
          gâte
truction.

Enfin[10] les choses extrêmes sont pour nous comme si elles
                                    insensibles

---

1. Les éléments derniers, dans lesquels l'être se résume; 2. Parce qu'ils; 3. Parallélisme entre les deux ordres de l'étendue et de la pensée; 4. Une vérité trop manifeste
nous remplit de stupeur; 5. Il s'agit naturellement du zéro mathématique « indivisible du nombre, comme l'indivisible est un zéro d'étendue ». Pascal songe peut-être
à Méré; 6. Les premiers principes de géométrie; 7. « Les bienfaits sont agréables
tant qu'on pense pouvoir les rendre; au-delà, la reconnaissance fait place à la haine »
(Tacite, *Annales*, IV, XVIII); 8. « L'extrême froideur et l'extrême chaleur cuisent et
rôtissent » (Montaigne, I, LIV); 9. *Souffrir :* éprouver une peine physique; 10. *Enfin :*
bref.

n'étaient point et nous ne sommes point à leur égard; elles
140 nous échappent ou nous à elles.

Voilà notre état véritable. C'est ce qui nous rend incapables
de savoir certainement et d'ignorer absolument. Nous voguons
absolument   *sommes tous*
sur un milieu vaste, toujours incertains et flottants, poussés
d'un bout vers l'autre; quelque terme où nous pensions nous
                                quelque fin
145 attacher et nous affermir, il branle, et nous quitte, et si nous
               et s'éloigne et fuit d'une fuite éternelle
le suivons il échappe à nos prises, nous[1] glisse et fuit d'une
fuite éternelle[2]; rien ne s'arrête pour nous. C'est l'état qui
nous est naturel et toutefois le plus contraire à notre inclination. Nous brûlons du désir de trouver une assiette ferme,
150 et une dernière base constante[1] pour y édifier une tour qui
s'élève à l'infini, mais tout notre fondement craque et la
terre s'ouvre jusqu'aux abîmes.

Ne cherchons donc point d'assurance et de fermeté[2]; notre
raison est toujours déçue par l'inconstance des apparences :
           déçue tant de fois   *les promesses*
155 rien ne peut fixer le fini[3] entre les deux infinis qui l'enferment
et le fuient.

Cela étant bien compris je crois qu'on se tiendra en repos,
chacun dans l'état où la nature l'a placé.

Ce milieu qui nous est échu en partage étant toujours dis-
160 tant des extrêmes, qu'importe qu'un autre ait un peu plus
d'intelligence des choses s'il en a, et s'il les prend un peu de
plus haut, n'est-il pas toujours infiniment éloigné du bout
et la durée de notre vie n'est-elle pas également infime de
l'éternité pour durer dix ans davantage?

165 Dans la vue de ces infinis tous les finis sont égaux et je ne
vois pas pourquoi asseoir son imagination plutôt sur un que
sur l'autre. La seule comparaison que nous faisons de nous
au fini nous fait peine.

Si l'homme s'étudiait, il verrait combien il est incapable
170 de passer outre. Comment se pourrait-il qu'une partie connût
le tout? mais il aspirera peut-être à connaître au moins les
parties avec lesquelles il a de la proportion. Mais les parties
du monde ont toutes un tel rapport et un tel enchaînement

---

1. Glisse pour nous : le pronom complément indirect indique pour qui l'action
se produit; 2. Montaigne (II, XII) : « Si de fortune vous fichez votre pensée à vouloir prendre son être, ce sera ni plus ni moins que qui voudrait empoigner de l'eau »;
3. *Constante :* sans autre support qu'elle-même; 4. De possibilité de nous fixer et de
nous affermir; 5. L'homme dont l'intelligence est finie parce que son être est fini.

L'INFINIMENT GRAND SELON LA SCIENCE MODERNE
La nébuleuse N. G. C. 2175 d'Orion.

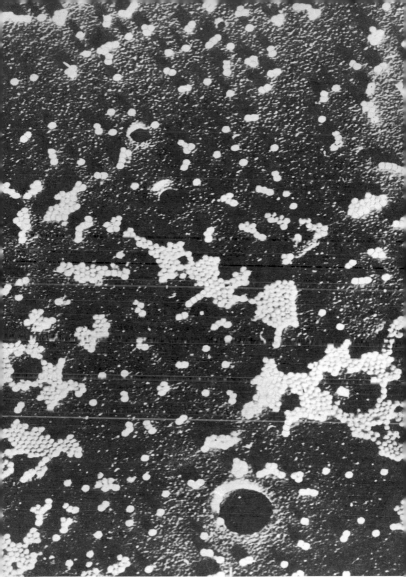

L'INFINIMENT PETIT SELON LA SCIENCE MODERNE
Virus de la poliomyélite vu au microscope électronique.

l'une avec l'autre que je crois impossible de connaître l'une
175 sans l'autre et sans le tout.

L'homme par exemple a rapport à tout ce qu'il connaît.
Il a besoin de lieu pour le contenir, de temps pour durer, de
mouvement pour vivre, d'éléments pour le composer, de chaleur et d'aliments pour se nourrir, d'air pour respirer. Il voit
180 la lumière il sent les corps, enfin tout tombe sous son alliance[1].
Il faut donc pour connaître l'homme savoir d'où vient qu'il
a besoin d'air pour subsister et pour connaître l'air, savoir
par où il a ce rapport à la vie de l'homme, etc...

La flamme ne subsiste point sans l'air; donc pour connaître
185 l'un il faut connaître l'autre.

Donc toutes choses étant causées et causantes, aidées et
aidantes, médiates et immédiates et toutes s'entretenant par
un lien naturel et insensible qui lie les plus éloignées et les
plus différentes, je tiens impossible de connaître les parties
190 sans connaître le tout, non plus que de connaître le tout sans
connaître particulièrement les parties.

Et ce qui achève notre impuissance à connaître les choses
est qu'elles sont simples en elles-mêmes et que nous sommes
composés de deux natures opposées et de divers genres, d'âme
195 et de corps. Car il est impossible que la partie qui raisonne
en nous soit autre que spirituelle, et quand on prétendrait
que nous serions simplement corporels cela nous exclurait
bien davantage de la connaissance des choses, n'y ayant rien[2]
de si inconcevable que de dire que la matière se connaît soi-
200 même. Il ne nous est pas possible de connaître comment elle
se connaîtrait.

Et ainsi, si nous [sommes] simples matériels nous ne pouvons
rien du tout connaître, et si nous sommes composés d'esprit
et de matière nous ne pouvons connaître parfaitement les choses
205 simples, spirituelles ou corporelles.

De là vient que presque tous les philosophes confondent
les idées des choses et parlent des choses corporelles spirituellement et des spirituelles corporellement[3], car ils disent hardi-
ment que les corps tendent en bas, qu'ils aspirent à leur
210 centre, qu'ils fuient leur destruction, qu'ils craignent le vide,

---

1. « Il a une grande alliance, convenance et amitié avec les autres créatures »
(Raymond Sebond, *Théologie naturelle*, II); 2. Étant donné qu'il n'y a rien;
3. « Voulant connaître par l'esprit et par l'intelligence les choses corporelles,
et voir par les sens les spirituelles; ce qui ne se peut » (saint Augustin, *Traité de la
véritable religion*, XXXIII, ouvrage traduit et publié par Arnauld en 1656).

qu'ils ont des inclinations, des sympathies, des antipathies, toutes choses qui n'appartiennent qu'aux esprits. Et en parlant des esprits ils les considèrent comme en un lieu, et leur attri-buent le mouvement d'une place à une autre, qui sont choses
215 qui n'appartiennent qu'aux corps.

Au lieu de recevoir les idées de ces choses pures[1], nous les teignons de nos qualités et empreignons[2] notre être composé (de) toutes les choses simples que nous contemplons.

Qui ne croirait, à nous voir composer toutes choses d'esprit
220 et de corps, que ce mélange-là nous serait bien compréhen-sible. C'est néanmoins la chose qu'on comprend le moins; l'homme est à lui-même le plus prodigieux[3] objet de la nature, car il ne peut concevoir ce que c'est que corps et encore moins ce que c'est qu'esprit, et moins qu'aucune chose comment un
225 corps peut être uni avec un esprit. C'est là le comble de ses difficultés et cependant c'est son propre être : *modus quo cor-poribus adherent spiritus comprehendi ab homine non potest, et hoc tamen homo est*[4].

Enfin, pour consommer la preuve de notre faiblesse, je finirai
230 par ces deux considérations...

200 (347)

H. 3.

L'homme n'est qu'un roseau[5], le plus faible de la nature, mais c'est un roseau pensant. Il ne faut pas[6] que l'uni vers entier s'arme pour l'écraser[7]; une vapeur[8], une goutte d'eau suffit pour le tuer. Mais quand l'univers l'écraserait,
235 l'homme serait encore[9] plus noble que ce qui le tue, puisqu'il sait qu'il meurt et l'avantage que l'univers a sur lui. L'univers n'en sait rien.

---

1. *Pures* est attribut des *idées*; 2. Imprégnons; 3. *Prodigieux* : monstrueux, incom-préhensible; 4. « La façon dont l'esprit est uni au corps ne peut pas être comprise par l'homme, et cependant c'est l'homme » (saint Augustin, *Cité de Dieu*, XXI, 10, cité par Montaigne); 5. La reprise de l'expression *roseau pensant* (voir chapitre VI) atteste chez Pascal l'intention d'un nouveau départ. Mais, cette fois, il s'agit non plus de l'homme perdu dans l'univers, mais de l'homme tué par lui. A l'angoisse intellectuelle du fragment précédent s'ajoute l'angoisse physique. Le roseau est symbole de fragilité; 6. Il n'est pas nécessaire; 7. Depuis la chute, l'univers est en guerre contre l'homme (voir chapitre XI); 8. *Une vapeur* : un simple souffle de vent; 9. *Encore* : même alors.

Toute notre dignité consiste donc en la pensée. C'est de là qu'il nous faut relever[1] et non de l'espace et de la durée, que 240 nous ne saurions remplir[2]. Travaillons donc à bien penser : voilà le principe de la morale[3].

201 (206)

Le silence éternel de ces espaces infinis m'effraie. **(22)**

1. Tirer ce qui nous rétablit dans notre grandeur; 2. Ce sont deux infinis, où l'homme ne sera jamais qu'un point; 3. C'est par là que nous affirmerons notre dignité et nous sauverons de notre misère.

───────── **QUESTIONS** ────────────────────

22. Sur les fragments relatifs à la « Transition de la connaissance de l'homme à Dieu » et à la « Disproportion de l'homme ». — Précisez les différents mouvements de ce chapitre : *a*) dans sa composition d'ensemble; *b*) dans la structure du fragment 199. — Dans ce dernier, par une étude attentive des variantes, montrez avec quelle sûreté Pascal a travaillé son texte dans le sens de la précision rigoureuse, de la concision et du mouvement poétique. – Étudiez en particulier les images et les métaphores. — Dans quelles mesures accepte-t-il la nouvelle conception de l'univers, due à Copernic, à Giordano Bruno et à Galilée? — Étudiez comment la répétition de quelques termes essentiels (*infini-néant*, *extrêmes*, etc.) et leur place dans la phrase et le paragraphe révèlent les intentions profondes et les thèmes principaux de la dialectique pascalienne. — Pascal précurseur de la science moderne. Commentez à ce sujet les propos suivants de Jean Guitton *(les Gloires de la France)* : « Pascal possède ce privilège de devenir d'autant plus vrai que l'histoire coule et s'approfondit. Ses intuitions sur le hasard, sur la quantité discontinue sont au cœur de la science moderne, celle des quanta et des probabilités. Sa machine à calculer préfigure nos machines électroniques. Ses vues sur la distinction des infinis se vérifient dans la division des recherches selon qu'elles s'appliquent au macrocosme ou au microcosme. Son idée de l'homme et de sa condition menacée annonce nos philosophies de l'existence. [...]. Son style si nature est aussi le style que nous préférons : l'écriture y revient à sa source, qui est la parole. » — Pascal, l'univers et Dieu. Appréciez le jugement de Jean Mesnard concernant *le silence éternel de ces espaces infinis :* « Je crois que cette phrase est placée dans la bouche du libertin; pour Pascal, en effet, la nature est une image de Dieu comme pour toute la tradition chrétienne. Mais on ne peut voir une image de Dieu dans la nature que lorsqu'on a la foi [...]. Contrairement aux apologistes contemporains, Pascal considère que le monde ne prouve rien; si on veut trouver une preuve véritable de la religion, c'est dans l'histoire qu'il faut la chercher. » — Quel intérêt présente, pour la connaissance des intentions apologétiques de Pascal, le rapprochement dans la même liasse du fragment sur les deux infinis (199) et du fragment 200 sur le « roseau pensant »?

● XV bis. LA NATURE EST CORROMPUE

[Il s'agit d'un dossier dont Pascal avait prévu le titre, mais dans lequel il ne classa aucune pensée.
Il est toutefois possible d'y faire figurer les deux fragments suivants.]

416 (546)   ● PNC. Série I.

La nature est corrompue.

Sans J.-C. il faut que l'homme soit dans le vice et dans la misère. Avec J.-C. l'homme est exempt de vice et de misère.
En lui est toute notre vertu et toute notre félicité.
5 Hors de lui il n'y a que vice, misère, erreur, ténèbres, mort, désespoir.

491 (439)   ● PNC. Série XVII.

Nature corrompue.

L'homme n'agit point par la raison, qui fait son être[1]. **(23)**

● XVI. FAUSSETÉ DES AUTRES RELIGIONS (203-220)

[Seule la religion chrétienne est vraie, car elle rend compte de tout l'homme et s'adresse à tous les hommes.]

205 (489)

S'il y a un seul principe de tout, une seule fin de tout, — tout par lui, tout pour lui, — il faut donc que la vraie religion nous enseigne à n'adorer que lui et à n'aimer que lui. Mais comme nous nous trouvons dans l'impuissance d'adorer ce
5 que nous ne connaissons pas et d'aimer autre chose que nous, il faut que la religion qui instruit de ces devoirs nous instruise aussi de ces impuissances et qu'elle nous apprenne aussi les remèdes. Elle nous apprend que par un homme tout a été perdu et la liaison rompue entre Dieu et nous, et que par un
10 homme la liaison est réparée[2].

---

1. La raison fait l'être de l'homme, mais avant le péché originel; 2. Pascal résume ainsi toute la doctrine chrétienne, qui tient en deux mots : Adam et Jésus-Christ : péché originel et rédemption.

--- **QUESTIONS** ---

23. Sur les fragments relatifs à la « Corruption de la nature ».
— Précisez le sens de : *il faut que* (ligne 2). — Étudiez la progression dans la phrase : *Hors de lui il n'y a...* (ligne 5). — Qu'est-ce que Pascal entend par la *nature* (ligne 7)?

Nous naissons si contraires à cet amour de Dieu et il est si nécessaire qu'il faut que nous naissions coupables, ou Dieu serait injuste[1].

208 (435)

Sans ces divines connaissances, qu'ont pu faire les hommes, sinon, ou s'élever dans le sentiment intérieur qui leur reste de leur grandeur passée, ou s'abattre dans la vue de leur faiblesse présente? Car ne voyant pas la vérité entière ils n'ont pu arriver à une parfaite vertu, les uns considérant la nature comme incorrompue, les autres comme irréparable, ils n'ont pu fuir ou l'orgueil ou la paresse qui sont les deux sources de tous les vices, puisqu'ils ne peuvent sinon ou s'y abandonner par lâcheté, ou en sortir par l'orgueil. Car s'ils connaissaient l'excellence de l'homme, ils en ignorent la corruption de sorte qu'ils évitaient bien la paresse, mais ils se perdaient dans la superbe et s'ils reconnaissent l'infirmité de la nature ils en ignorent la dignité, de sorte qu'ils pouvaient bien éviter la vanité, mais c'était en se précipitant dans le désespoir.

De là viennent les diverses sectes des stoïques et des épicuriens, des dogmatistes et des académiciens, etc...

La seule religion chrétienne a pu guérir ces deux vices, non pas en chassant l'un par l'autre par la sagesse de la terre, mais en chassant l'un et l'autre par la simplicité de l'Évangile. Car elle apprend aux justes qu'elle élève jusqu'à la participation de la divinité même, qu'en ce sublime état ils portent encore la source de toute la corruption qui les rend durant toute la vie sujets à l'erreur, à la misère, à la mort, au péché, et elle crie aux plus impies qu'ils sont capables de la grâce de leur rédempteur. Ainsi, donnant à trembler à ceux qu'elle justifie et consolant ceux qu'elle condamne, elle tempère avec tant de justesse la crainte avec l'espérance par cette double capacité, qui est commune à tous, et de la grâce et du péché, qu'elle abaisse infiniment plus que la seule raison ne peut faire mais sans désespérer, et qu'elle élève infiniment plus que l'orgueil de la nature, mais sans enfler, et que faisant bien voir par là

---

1. Pascal pose ici « l'alternative la plus profonde que le christianisme puisse soulever : puisque l'homme est séparé de Dieu, qui est son principe et sa fin, suivant la nature et suivant la raison, c'est qu'un crime a été commis; le coupable est Dieu ou l'homme; et comme il est contradictoire à l'essence divine que ce soit Dieu, il faut donc que ce soit l'homme; le péché originel est nécessaire pour justifier Dieu » (Brunschvicg).

45 qu'étant seule exempte d'erreur et de vice, il n'appartient
qu'à elle et d'instruire et de corriger les hommes.

Qui peut donc refuser à ces célestes lumières de les croire
et de les adorer. Car n'est-il pas plus clair que le jour que nous
sentons en nous-mêmes des caractères ineffaçables d'excel-
50 lence et n'est-il pas aussi véritable que nous éprouvons à toute
heure les effets de notre déplorable condition?

Que nous crie[1] donc ce chaos et cette confusion monstrueuse
sinon la vérité de ces deux états, avec une voix si puissante
qu'il est impossible de résister?

209 (599)

55 Différence entre J.-C. et Mahomet.
Mahomet non prédit, J.-C. prédit.
Mahomet en tuant, J.-C. en faisant tuer les siens.
Mahomet en défendant de lire[2], les apôtres en ordonnant
de lire.
60 Enfin cela est si contraire que si Mahomet a pris la voie
de réussir humainement, J.-C. a pris celle de périr humainement et qu'au lieu de conclure que puisque Mahomet a réussi,
J.-C. a bien pu réussir, il faut dire que puisque Mahomet a
réussi, J.-C. devait périr.

219 (251)

65 Les autres religions, comme les païennes, sont plus populaires[3], car elles sont en extérieur[4], mais elles ne sont pas pour
les gens habiles. Une religion purement intellectuelle[5] serait
plus proportionnée aux habiles, mais elle ne servirait pas au
peuple. La seule religion chrétienne est proportionnée à tous,
70 étant mêlée d'extérieur et d'intérieur[6]. Elle élève le peuple à
l'intérieur[7], et abaisse les superbes à l'extérieur, et n'est pas
parfaite sans les deux, car il faut que le peuple entende l'esprit
de la lettre et que les habiles soumettent leur esprit à la lettre[8].

---

1. Accord du verbe avec le sujet le plus rapproché; **2.** Pascal oppose à cette tradition, qu'il tient de Montaigne (« Mahomet qui, comme j'ai entendu, interdit la
science à ses hommes »), le mot de saint Paul : *Attente lectioni* (« Applique-toi à
la lecture »); **3.** *Plus populaires :* mieux adaptées aux besoins du peuple; **4.** Elles
consistent en manifestations extérieures; **5.** *Intellectuelle :* qui s'adresserait uniquement à l'esprit; **6.** On trouve déjà cette idée dans le traité de Charron (*De la
sagesse*, II, v, 16) : « La chrétienté, comme au milieu, a bien le tout tempéré : le
sensible et l'interne, servant Dieu d'esprit et de corps, et s'accommode aux grands
et aux petits »; **7.** *A l'intérieur :* jusqu'aux vertus intérieures. *A l'extérieur :* jusqu'aux
habitudes extérieures; **8.** Cette opposition entre l'esprit et la lettre est déjà dans
saint Paul (Épître aux Romains, II, 29) : « La circoncision est celle du cœur, faite en
esprit et non selon la lettre. »

220 (468)

Nulle autre religion n'a proposé de se haïr, nulle autre
75 religion ne peut donc plaire à ceux qui se haïssent et qui
cherchent un être véritablement aimable. Et ceux-là, s'ils
n'avaient jamais ouï parler de la religion d'un Dieu humilié,
l'embrasseraient incontinent. **(24)**

● XVII. RENDRE LA RELIGION AIMABLE (221-222)

[Très court chapitre qui met l'accent sur le caractère universel
du christianisme, qui est ouvert à tous.]

221 (774)

J.-C. pour tous. Moïse pour un peuple. [...]
Parum est ut, etc.[1] Isaïe. *Lumen ad revelationem gentium*[2].
Non fecit taliter omni nationi[3], disait David, en parlant de
la Loi. Mais en parlant de J.-C. il faut dire : *fecit taliter omni*
5 *nationi, parum est ut, etc.* Isaïe.
Aussi c'est à J.-C. d'être universel; l'Église même n'offre
le sacrifice que pour les fidèles. J.-C. a offert celui de la croix
pour tous.

222 (747)

Les Juifs charnels[4] et les païens ont des misères et les chré-
10 tiens aussi. Il n'y a point de rédempteur pour les païens, car
ils (n')en espèrent pas seulement. Il n'y a point de rédempteur

---

1. « Et le Seigneur a dit : C'est peu de chose que tu me sois serviteur pour susciter
les lignées de Jacob et pour convertir ceux qui sont délaissés d'Israël. Voici : je t'ai
donné pour lumière aux Gentils afin que tu sois mon salut jusqu'au bout de la
terre » (Isaïe, XLIX, 6); **2.** « Lumière pour éclaircissement de tous les Gentils »
(Évangile selon saint Luc, II, 32); **3.** « Il n'a point ainsi fait à toute nation »
(Psaume CXLVII [20]); **4.** Les juifs *charnels* sont, d'après saint Pierre, ceux qui
« suivent la volonté de la Nature, vivent dans les impudicités, les mauvais désirs,
l'ivrognerie, les festins et le culte des idoles ». — Saint Paul ajoute « l'esprit de
contention et de fourberie ».

—————— **QUESTIONS** ——————————————————

24. Sur les fragments relatifs à la « Fausseté des autres religions ». — Montrez que pour Pascal la vérité de la religion chrétienne
est une évidence absolue, parce qu'elle s'inscrit dans la réalité psychologique et historique de l'humanité. — Quelles sont les caractéristiques
essentielles qui établissent la supériorité, indubitable aux yeux de Pascal,
du christianisme sur toutes les autres religions? — Comment Pascal
use-t-il, dans ce chapitre, de la conciliation des contraires, qui est une
des formes de sa dialectique? — Christianisme et islamisme. Qu'est-ce
qui explique que, entre toutes les autres religions, Pascal ait choisi celle
de Mahomet pour lui opposer la religion du Christ?

pour les Juifs : ils l'espèrent en vain. Il n'y a de rédempteur
que pour les chrétiens.

Voyez perpétuité[1]. **(25)**

● XVIII. FONDEMENTS DE LA RELIGION
ET RÉPONSE AUX OBJECTIONS (223-244)

[Pascal en arrive aux preuves. Et il montre comment, paradoxa-
lement en apparence, ces preuves ne sont pas claires; c'est de leur
obscurité qu'elles tirent leur force : nous pénétrons au centre de
la religion de Pascal, qui ne saurait concevoir de salut pour l'âme
humaine sans recherche, humble et patiente, sans effort de la volonté
et de l'intelligence : *Vere tu es deus absconditus.*]

226 (523)

Toute la foi consiste en J.-C. et en Adam et toute la morale
en la concupiscence et en la grâce.

228 (751)

Que disent les prophètes de J.-C.? qu'il sera évidemment
Dieu? non, mais qu'il est un Dieu véritablement caché, qu'il
5 sera méconnu, qu'on ne pensera point que ce soit lui, qu'il
sera une pierre d'achoppement, à laquelle plusieurs heur-
teront, etc.

Qu'on ne nous reproche donc plus le manque de clarté
puisque nous en faisons profession. Mais, dit-on, il y a des
10 obscurités; et sans cela on ne serait pas aheurté à J.-C. Et
c'est un des desseins formels des prophètes : *excaeca*[3].

230 (430 *bis*)

Tout ce qui est incompréhensible ne laisse pas d'être[3].

---

1. Voir le chapitre XXI, qui porte ce titre; 2. *Excaeca :* « rends aveugle ». « Aveugle
le cœur de ce peuple-ci et étouffe ses oreilles et ferme ses yeux, afin qu'il ne voie de
ses yeux et qu'il n'entende de ses oreilles, et qu'il ne saisisse de son cœur et qu'il
ne se convertisse et que je ne le guérisse » (Isaïe, VI, 10); 3. Phrase reprise du chapitre XI (« APR »), où Pascal la fait suivre des deux exemples empruntés aux sciences :
« Le nombre infini. Un espace infini égal au fini. »

━━━ QUESTIONS ━━━

25. SUR LES FRAGMENTS DU CHAPITRE INTITULÉ « RENDRE LA RELIGION
AIMABLE ». — Quel est le sens du titre de ce chapitre? Que signifie *aimable?*
— Notez l'accent mis par Pascal sur la notion d'espérance et montrez
comment le Christ est seul à avoir apporté cette espérance.

232 (566)

On n'entend rien aux ouvrages de Dieu si on ne prend
pour principe qu'il a voulu aveugler les uns et éclaircir[1] les
15 autres.

239 (510)

L'homme n'est pas digne de Dieu, mais il n'est pas incapable
d'en être rendu digne.

Il est indigne de Dieu de se joindre à l'homme misérable,
mais il n'est pas indigne de Dieu de le tirer de sa misère.

242 (585)

20 Que Dieu s'est voulu cacher.

S'il n'y avait qu'une religion, Dieu y serait bien manifeste.

S'il n'y avait des martyrs qu'en notre religion, de même.

Dieu étant ainsi caché, toute religion qui ne dit pas que
Dieu est caché n'est pas véritable, et toute religion qui n'en
25 rend pas la raison n'est pas instruisante. La nôtre fait tout
cela. *Vere tu es deus absconditus*[2]. **(26)**

● XIX. QUE LA LOI ÉTAIT FIGURATIVE (245-276)

[Par Loi, Pascal entend la loi juive. Selon lui, l'Ancien Testament
est entièrement figuratif : exemple frappant de cette alliance du
clair et de l'obscur définie dans le chapitre XVIII. Il faut donc « déchif-
frer » ce texte en distinguant la lettre, seule accessible aux âmes
« charnelles », et l'esprit, qui, partout, annonce le Christ.]

252 (648)

Deux erreurs. 1. prendre tout littéralement. 2. prendre tout
spirituellement[3].

---

1. *Eclaircir :* « éclairer », que donnent de nombreux éditeurs; **2.** Isaïe (XLV, 15) :
« Vraiment tu es le Dieu caché »; **3.** Précepte de saint Augustin (*Cité de Dieu*, XVII, 3).
La première erreur est celle des juifs charnels, la seconde celle des apocalyptiques.

─────── **QUESTIONS** ───────

26. Sur les fragments relatifs aux « Fondements de la religion ».
— Montrez l'habileté de Pascal à retourner les objections de ses adversaires, sans pour autant forcer le dogme. — Étudiez dans la vie du Christ
le mélange d'obscurité et de clarté. — Comment la religion chrétienne,
fondée d'une part sur la chute et la Rédemption, d'autre part sur les
prophéties et les miracles, n'a pas à être prouvée, au sens rationnel du
terme, car alors la foi serait inutile. Donc elle dépasse les preuves, et
dépasse aussi les contradictions de la raison (les hérésies consistant à
ne voir qu'un aspect de la vérité).

pendent opera interrupta

PENSÉES

DE

M. PASCAL

SUR LA RELIGION,

ET SUR QUELQUES

AUTRES SUJETS.

I.

Contre l'Indifference des Athées.

QUE ceux qui combattent la Religion apprennent au moins quelle elle est avant que de la combattre. Si cette Religion se vantoit d'avoir une

PREMIÈRE PAGE DE L'ÉDITION ORIGINALE
DES *PENSÉES* (1670).
Bibliothèque nationale.

260 (678)

Un portrait porte absence et présence, plaisir et déplaisir. La réalité exclut absence et déplaisir.

5 *Figures.*

Pour savoir si la loi et les sacrifices sont réalité ou figure il faut voir si les prophètes en parlant de ces choses y arrêtaient leur vue et leur pensée, en sorte qu'ils n'y vissent que cette ancienne alliance, ou s'ils y voient quelque autre chose dont
10 elle fut la peinture. Car dans un portrait on voit la chose figurée. Il ne faut pour cela qu'examiner ce qu'ils en disent.

Quand ils disent qu'elle sera éternelle, entendent-ils parler de l'alliance de laquelle ils disent qu'elle sera changée et de même des sacrifices, etc...

15 Le chiffre a deux sens[1]. Quand on surprend une lettre importante où l'on trouve un sens clair, et où il est dit néanmoins que le sens en est voilé et obscurci, qu'il est caché en sorte qu'on verra cette lettre sans la voir et qu'on l'entendra[2] sans l'entendre, que doit-on penser sinon que c'est un chiffre à
20 double sens?

Et d'autant plus qu'on y trouve des contrariétés manifestes dans le sens littéral.

Les prophètes ont dit clairement qu'Israël serait toujours aimé de Dieu et que la loi serait éternelle, et ils ont dit que
25 l'on n'entendrait point leur sens et qu'il était voilé.

Combien doit-on donc estimer ceux qui nous découvrent le chiffre et nous apprennent à connaître le sens caché, et principalement quand les principes qu'ils en prennent sont tout à fait naturels et clairs? C'est ce qu'a fait J.-C. Et les
30 apôtres. Ils ont levé le sceau. Il a rompu le voile et a découvert l'esprit. Ils nous ont appris pour cela que les ennemis de l'homme sont ses passions, que le rédempteur serait spirituel et son règne spirituel, qu'il y aurait deux avènements l'un de misère pour abaisser l'homme superbe, l'autre de gloire

---

1. Havet lisait : « Le chiffre à deux sens. » Il vaut mieux, semble-t-il, voir là une phrase véritable qui énonce le principe développé par la suite : l'existence du chiffre entraîne deux sens : le sens *apparent* et le sens *secret* ; **2.** Le verbe *entendre* a lui-même les deux sens d' « ouïr » et de « comprendre ».

35 pour élever l'homme humilié, que J.-C. serait Dieu et homme[1] **(27)**

● **XX. RABBINAGE** (277-278)

[Enquête sur le Talmud, que tous les juifs respectent et qui s'exprime avec beaucoup de netteté sur le péché originel et sur la rédemption. Enquête menée surtout avec l'aide du *Pugio fidei* de R. Martini.]

278 (446)

Tradition ample du péché originel selon les Juifs[2].

Sur le mot de la Genèse 8, la composition du cœur de l'homme est mauvaise dès son enfance.

R. Moyse Haddarschan. Ce mauvais levain est mis dans
5 l'homme dès l'heure où il est formé.

Massachet Succa. Ce mauvais levain a sept noms : dans l'Écriture il est appelé mal, prépuce, immonde, ennemi, scandale, cœur de pierre, aquilon, tout cela signifie la malignité qui est cachée et empreinte dans le cœur de l'homme. Mis-
10 drach Tillim dit la même chose et que Dieu délivrera la bonne nature de l'homme de la mauvaise.

Cette malignité se renouvelle tous les jours contre l'homme comme il est écrit Ps. 137. « L'impie observe le juste et cherche à le faire mourir, mais Dieu ne l'abandonnera point. »
15 Cette malignité tente le cœur de l'homme en cette vie et l'accusera en l'autre.

Tout cela se trouve dans le Talmud... **(28)**

1. Le premier avènement, c'est la naissance du Christ-Homme ; le second, appelé aussi Parousie, est le retour glorieux à la fin des temps ; 2. Vrai titre de la source utilisée par Pascal : *Pugio christianorum ad impiorum perfidiam iugulandam, et maxime Judaeorum* (« Poignard des chrétiens pour égorger la perfidie des impies et surtout des juifs »). C'est à la deuxième division de la troisième partie de cet ouvrage que sont empruntés les textes rassemblés ici par Pascal.

──────── **QUESTIONS** ────────

27. SUR LE CHAPITRE INTITULÉ « QUE LA LOI ÉTAIT FIGURATIVE ». — Étudiez comment Pascal utilise des exemples concrets pour faire comprendre la différence entre la lettre et l'esprit, entre le sens apparent et le sens caché.

28. SUR LES FRAGMENTS RELATIFS AU « RABBINAGE ». — Quel intérêt présente pour Pascal cette étude des sources « midrachiques » ? — Commentez cette remarque de Lionel Cohn : « Pascal aime à se référer à la « chronologie du rabbinisme », et il est intéressant de noter qu'une fois même, inconsciemment, il retrouve une explication rabbinique qu'il ne connaissait certes pas : « Les deux plus anciens livres du monde, « écrit-il, sont Moïse et Job, l'un juif et l'autre païen. » Or, le Talmud compare précisément les livres de Moïse à celui de Job, au point qu'il estime que le livre de Job a été écrit par Moïse lui-même. »

● XXI. PERPÉTUITÉ (279-289)

[La théorie des « figures » appliquée au Vieux Testament et à l'histoire du peuple juif permet à Pascal d'affirmer que le dogme chrétien a toujours existé sur la terre, comme il y a toujours eu des saints pour vivre dans l'amour et connaître le mystère du Messie.]

279 (690)

Un mot de David ou de Moïse, comme que Dieu circoncira leur cœur[1] fait juger de leur esprit.

Que tous leurs autres discours soient équivoques et douteux d'être philosophes[2] ou chrétiens, enfin un mot de cette
5 nature détermine tous les autres comme un mot d'Épictète détermine tout le reste au contraire[3]. Jusque-là l'ambiguïté[4] dure et non pas après.

281 (613)

Perpétuité[5].

Cette religion qui consiste à croire que l'homme est déchu
10 d'un état de gloire et de communication avec Dieu en un état de tristesse, de pénitence et d'éloignement de Dieu, mais qu'après cette vie nous serons rétablis par un Messie qui devait venir, a toujours été sur la terre.

Toutes choses ont passé et celle-là a subsisté par laquelle
15 sont toutes choses.

Les hommes dans le premier âge du monde ont été emportés dans toutes sortes de désordres, et il y avait cependant des saints comme Enoch, Lamech, et d'autres qui attendaient en patience le Christ promis dès le commencement du monde.
20 Noé a vu la malice des hommes au plus haut degré et il a mérité de sauver le monde en sa personne par l'espérance du Messie, dont il a été la figure. Abraham était environné d'idolâtres quand Dieu lui a fait connaître le mystère du Messie qu'il

---

1. Deutéronome (xxx, 6) : « Le Seigneur ton Dieu circoncira ton cœur »; **2.** Dont on peut douter s'ils sont philosophes; **3.** *Au contraire :* dans le sens contraire. Le mot *philosophes* vise moins David et Moïse qu'Épictète; **4.** La question de savoir si Moïse entend la loi dans le sens charnel (cupidité) ou proprement spirituel (charité); et si Épictète suit la religion naturelle ou la révélation; **5.** On trouve déjà dans Guez de Balzac des passages analogues à ce développement : « Le christianisme a donc été de tout temps, quoiqu'il ait été longtemps caché sous des nuages, et que Dieu ne l'ait ouvert aux peuples, ni laissé luire à clair dans le monde, qu'au terme qu'il avait précisément marqué dans les oracles de sa parole. Il y a toujours eu des chrétiens, quoiqu'ils n'aient pas toujours été appelés de cette façon » (*Relation à Ménandre*, III).

a salué de loin[1]; au temps d'Isaac et de Jacob, l'abomination
25 était répandue sur toute la terre, mais ces saints vivaient en
leur foi, et Jacob mourant et bénissant ses enfants s'écrie par
un transport qui lui fait interrompre son discours : J'attends,
ô mon Dieu, le sauveur que vous avez promis, *salutare tuum
expectabo domine*[2].
30   Les Égyptiens étaient infectés et d'idolâtrie et de magie,
le peuple de Dieu même était entraîné par leur exemple. Mais
cependant Moïse et d'autres voyaient celui qu'ils ne voyaient
pas, et l'adoraient en regardant aux[3] dons éternels qu'il leur
préparait.
35   Les Grecs et les Latins ensuite ont fait régner les fausses
déités, les poètes ont fait cent diverses théologies. Les philosophes se sont séparés en mille sectes différentes. Et cependant il y avait toujours au cœur de la Judée des hommes choisis qui prédisaient la venue de ce Messie qui n'était connu
40 que d'eux. Il est venu enfin en la consommation des temps
et depuis on a vu naître tant de schismes et d'hérésies, tant
renverser d'États, tant de changements en toutes choses; et
cette église qui adore celui qui a toujours été a subsisté sans
interruption; et ce qui est admirable, incomparable et tout
45 à fait divin, est que cette religion qui a toujours duré a toujours été combattue. Mille fois elle a été à la veille d'une
destruction universelle, et toutes les fois qu'elle a été en cet
état Dieu l'a relevée par des coups extraordinaires de sa puissance. Car ce qui est étonnant est qu'elle s'est maintenue
50 sans fléchir et plier sous la volonté des tyrans, car il n'est
pas étrange qu'un état subsiste lorsque l'on fait quelquefois
céder ses lois à la nécessité; mais que — Voyez le rond dans
Montaigne[4].

282 (616)

Perpétuité.

55   Le Messie a toujours été cru. La tradition d'Adam était
encore nouvelle en Noé et en Moïse. Les prophètes l'ont prédit[5]
depuis en prédisant toujours d'autres choses dont les événements qui arrivaient de temps en temps à la vue des hommes

---

1. Évangile selon saint Jean, VIII, 56; **2.** Genèse, XLIX, 18; **3.** En tournant leurs
regards vers...; **4.** Allusion à un passage des *Essais*, que Pascal avait dû marquer
d'un rond dans l'exemplaire qu'il possédait. D'après Havet, il s'agirait de l'essai I,
XXIII : « Si est-ce que la fortune, réservant toujours son autorité au-dessus de nos
discours, nous présente aucunes fois la nécessité si urgente, qu'il est besoin que
nos lois lui fassent quelque place »; **5.** Ont prédit le Messie.

marquaient la vérité de leur mission et par conséquent celle de leurs promesses touchant le Messie. J.-C. a fait des miracles, et les apôtres aussi, qui ont converti tous les païens et par là toutes les prophéties étant accomplies, le Messie est prouvé pour jamais. **(29)**

● XXII. PREUVES DE MOÏSE (290-297)

[Par la solidité de sa tradition, due en particulier à la longévité des patriarches, la religion juive prépare le christianisme.]

291 (587)

Cette religion si grande en miracles, saints, purs, irréprochables, savants et grands témoins, martyrs; rois — David — établis; Isaïe prince du sang; si grande en science après avoir étalé tous ses miracles et toute sa sagesse, elle réprouve
5 tout cela et dit qu'elle n'a ni sagesse, ni signe, mais la croix et la folie[1].

Car ceux qui par ces signes et cette sagesse ont mérité votre créance et qui vous ont prouvé leur caractère, vous déclarent que rien de tout cela ne peut nous changer et nous rendre
10 capable de connaître et aimer Dieu, que la vertu de la folie de la croix, sans sagesse ni signe et non les signes sans cette vertu.

Ainsi notre religion est folle en regardant[2] à la cause efficace[3] et sage en regardant à la sagesse qui y prépare[4].

292 (624)

15 *Preuves de Moïse.*

Pourquoi Moïse va-t-il faire la vie des hommes si longue et si peu de générations?

Car[5] ce n'est pas la longueur des années mais la multitude des générations qui rendent les choses obscures[6].

---

1. « La parole de la Croix est folie à ceux qui périssent » (saint Paul, Première Épître aux Corinthiens, i, 18); 2. *En regardant :* si l'on prête attention à, si l'on considère; 3. *Efficace :* effective, réelle; 4. Montaigne (II, xii [« Apologie de Raymond Sebond »]) : « Que nous prêche la vérité, quand elle nous inculque si souvent que notre sagesse n'est que folie devant Dieu? »; 5. *Car :* parce que. Réponse à la question de la phrase précédente; 6. « Dans la généalogie des patriarches, depuis Adam jusqu'à Jacob, on trouve vingt-deux générations en 2 315 ans; et si l'on prend la vie entière de chaque patriarche, cinq vies au bout l'une de l'autre remplissent toute cette étendue » (E. Havet).

——— **QUESTIONS** ———

29. SUR LES FRAGMENTS DU CHAPITRE INTITULÉ « PERPÉTUITÉ ». — Définissez exactement d'après ces fragments le sens du mot *perpétuité*.

20 Car la vérité ne s'altère que par le changement des hommes. Et cependant il[1] met deux choses les plus mémorables qui se soient jamais imaginées, savoir la création et le déluge si proches qu'on y touche. **(30)**

● XXIII. PREUVES DE JÉSUS-CHRIST (298-322)

[Chapitre fondamental, où après avoir établi la distinction entre l'ordre du cœur et celui de l'esprit, Pascal montre que tous les faits prouvent la divinité du Christ, et développe sa grande idée des trois ordres.]

298 (283)

L'ordre. Contre l'objection que l'Écriture n'a pas d'ordre.

Le cœur a son ordre, l'esprit a le sien qui est par principe et démonstration. Le cœur en a un autre[2]. On ne prouve pas qu'on doit être aimé en exposant d'ordre[3] les causes de l'amour; 5 cela serait ridicule[4].

J.-C., saint Paul ont l'ordre de la charité, non de l'esprit, car ils voulaient rabaisser[5], non instruire.

Saint Augustin de même. Cet ordre consiste principalement à la digression sur chaque point qui a rapport à la fin, pour 10 la montrer toujours.

300 (786)

J.-C. dans une obscurité (selon ce que le monde appelle

---

1. *Il :* Moïse, en comptant par générations de patriarches, au lieu de compter par années; 2. « Le cœur a son langage comme l'esprit a le sien, et cette expression du cœur fait souvent les plus grands effets » (Méré, *Conversations*, I, 261); 3. En suivant un ordre; 4. Saint Jérôme : *Amor ordinem nescit* (« L'amour n'a pas d'ordre »); cité par Montaigne, III, v; 5. *Rabaisser :* d'autres éditeurs lisent *échauffer.* — Arnauld d'Andilly, à propos de Saint-Cyran : « A l'imitation de saint Paul et de saint Augustin, il a beaucoup plus suivi l'ordre du cœur, qui est celui de la charité, que non pas l'ordre de l'esprit, parce que son dessein n'a pas été tant d'instruire que d'échauffer l'âme. »

──── **QUESTIONS** ────

30. SUR LES FRAGMENTS INTITULÉS « PREUVES DE MOÏSE ». — Pascal et le peuple juif. Commentez cette remarque de L. Cohn : « Pascal ne s'intéresse pas au devenir humain du peuple juif [...]. Ce qui l'intéresse, c'est de constater que les juifs ont toujours attendu un Messie, et que, par là, ils annoncent, préparent le christianisme d'une part, et, d'autre part, quand ce Messie est apparu, ils l'ont refusé. C'est à partir de cette perspective que tous ses jugements sont construits, même si cette construction risque d'être artificielle, ou arbitraire. »

obscurité), telle que les historiens n'écrivant que les importantes choses des États l'ont à peine aperçu.

301 (772)

Sainteté.

15   *Effundam spiritum meum*[1]. Tous les peuples étaient dans
l'infidélité et dans la concupiscence, toute la terre fut ardente
de charité : les princes quittent leur grandeur, les filles souffrent
le martyre. D'où vient cette force? c'est que le Messie est
arrivé. Voilà l'effet et les marques de sa venue.

303 (799)

20   Un artisan qui parle des richesses, un procureur qui parle
de la guerre, de la royauté, etc., mais le riche parle bien des
richesses, le roi parle froidement d'un grand don qu'il vient
de faire, et Dieu parle bien de Dieu[2].

308 (793)

La distance infinie[3] des corps aux esprits figure[4] la distance
25 infiniment plus infinie[5] des esprits à la charité, car elle est
surnaturelle.

Tout l'éclat des grandeurs[6] n'a point de lustre pour les gens
qui sont dans les recherches de l'esprit.

La grandeur des gens d'esprit est invisible aux rois, aux
30 riches, aux capitaines, à tous ces grands de chair.

---

1. « Je répandrai mon esprit sur toute chair, et vos fils prophétiseront; et aussi
vos filles [Joël, III, 1]; 2. Étienne Périer (Préface de la première édition) : « Il [Pascal]
admirait [dans l'Évangile] la naïveté, la simplicité et, pour le dire ainsi, la froideur
avec laquelle il semble que J.-C. parle des choses les plus grandes et les plus relevées, sans s'y étendre, comme ont fait les Pères et tous ceux qui ont écrit sur ces
matières. Et il disait que la véritable cause de tout cela était que ces choses, qui,
à la vérité, sont infiniment grandes et relevées à notre égard, ne le sont pas de même
à l'égard de Jésus-Christ, et qu'ainsi il ne faut pas trouver étrange qu'il en parle de
cette sorte, sans étonnement et sans admiration, comme l'on voit, sans comparaison [...] qu'un roi parle froidement d'une somme de 15 à 20 millions »; 3. *Infinie* :
parce que corps et esprit appartiennent à deux ordres hétérogènes (voir la Chimère,
page 79, ligne 115 et la note 1); 4. Cette notion de « figure », dont on a vu qu'elle
domine toute la conception pascalienne des rapports judaïsme-christianisme, s'est
imposée très tôt à Pascal : « Comme nous avons dit souvent entre nous, les choses
corporelles ne sont qu'une image des spirituelles, et Dieu a représenté les choses
invisibles dans les visibles » (lettre à Gilberte du 1er avril 1648). — Descartes s'était
arrêté à la distinction des corps et des esprits; pour Pascal, elle *figure* celle qui existe
entre l'ordre naturel et le surnaturel; 5. Expression lyrique, absurde aux yeux de la
raison (l'infini n'a pas de degrés), peut-être inspirée à Pascal par les superlatifs du
style biblique; 6. *Des grandeurs* « charnelles » : biens, gloire, puissance.

La grandeur de la sagesse, qui n'est nulle[1] sinon de Dieu, est invisible aux charnels et aux gens d'esprit[2]. Ce sont trois ordres différents, de genre.

35 Les grands génies ont leur empire, leur éclat, leur grandeur, leur victoire et leur lustre, et n'ont nul besoin des grandeurs charnelles, où elles[3] n'ont pas de rapport. Ils sont vus, non des yeux mais des esprits. C'est assez.

Les saints ont leur empire[4], leur éclat, leur victoire, leur lustre et n'ont nul besoin des grandeurs charnelles ou spiri-
40 tuelles, où elles n'ont nul rapport, car elles n'y ajoutent ni ôtent. Ils sont vus de Dieu et des anges et non des corps ni des esprits curieux[5]. Dieu leur suffit.

Archimède[6], sans éclat[7], serait en même vénération. Il n'a pas donné des batailles pour les yeux, mais il a fourni
45 à tous les esprits ses inventions. O qu'il a éclaté aux esprits!

J.-C. sans biens, et sans aucune production au-dehors de science, est dans son ordre de sainteté, Il n'a point donné d'inventions. Il n'a point régné, mais il a été humble, patient, saint, saint, saint à Dieu[8], terrible aux démons, sans aucun
50 péché[9]. O qu'il est venu en grande pompe et en une prodigieuse magnificence aux yeux du cœur et qui voyent la sagesse.

Il eût été inutile à Archimède de faire le prince dans ses livres de géométrie, quoiqu'il le fût.

Il eût été inutile à N.-S. J.-C. pour éclater dans son règne
55 de sainteté, de venir en roi[10], mais il y est bien venu avec l'éclat de son ordre.

Il est bien ridicule de se scandaliser de la bassesse de J.-C., comme si cette bassesse était du même ordre duquel est la grandeur qu'il venait faire paraître.

60 Qu'on considère cette grandeur-là dans sa vie, dans sa passion, dans son obscurité, dans sa mort, dans l'élection[11] des siens, dans leur abandonnement[12], dans sa secrète résurrection et dans le reste. On la verra si grande qu'on n'aura pas sujet de se scandaliser d'une bassesse qui n'y est pas.

---

1. *N'est nulle :* redoublement de la négation devant *est* par analogie avec *n'ont nul besoin* dans le paragraphe suivant; **2.** S'ils ne sont que gens d'esprit; **3.** *Où .* dans un ordre avec lequel ces grandeurs charnelles...; **4.** *Leur empire :* leur pouvoir sur les âmes. Par exemple, celui qu'exercèrent au XVIIe siècle un François de Sales et un Vincent de Paul; **5.** *Curieux :* que possède la curiosité *(libido sciendi) ;* **6.** Archimède (287-212 av. J.-C.) jouissait depuis un demi-siècle d'un prestige qui éclipsait celui d'Aristote; **7.** Même sans l'éclat qu'il devait à sa naissance princière; **8.** Isaïe, VI, 23; **9.** Le Verbe incarné ne tombe pas sous la loi du péché originel; **10.** En ro charnel; **11.** *L'élection :* le choix qu'il a fait. Tous ses disciples étaient de très humbles gens; **12.** La manière dont ils l'ont abandonné au jardin des Oliviers.

65 Mais il y en a qui ne peuvent admirer que les grandeurs charnelles comme s'il n'y en avait pas de spirituelles. Et d'autres qui n'admirent que les spirituelles comme s'il n'y en avait pas d'infiniment plus hautes dans la sagesse.

Tous les corps, le firmament, les étoiles, la terre et ses 70 royaumes[1], ne valent pas le moindre des esprits. Car il connaît tout cela, et soi, et les corps rien[2].

Tous les corps ensemble et tous les esprits ensemble et toutes leurs productions ne valent pas le moindre mouvement de charité. Cela est d'un ordre infiniment plus élevé.

75 De tous les corps ensemble on ne saurait en faire réussir une petite pensée. Cela est impossible et[3] d'un autre ordre. De tous les corps et esprits on n'en saurait tirer un mouvement de vraie charité, cela est impossible, et d'un autre ordre, sur-naturel. **(31)**

● XXIV. PROPHÉTIES (323-348)

XXV. FIGURES PARTICULIÈRES (349-350)

[Pascal insiste à nouveau sur la force éclatante des prophéties, qui se sont succédé pendant seize siècles, et que l'on ne pouvait comprendre qu'après l'avènement du Messie.]

------

1. Ici commence la conclusion; 2. Remarquez la construction de la phrase, ana-logue à celle du *roseau pensant;* 3. *Et :* valeur explicative.

———— **QUESTIONS** ————————

31. SUR LES FRAGMENTS INTITULÉS « PREUVES DE JÉSUS-CHRIST ». — Montrez que, s'il n'a pas été le premier à définir la distinction entre la raison et le cœur, Pascal a su en tirer des conséquences, qui renouvellent et approfondissent considérablement cette opposition. — Étudiez le refus de l'apologiste de se payer de mots, et le souci constant qu'il manifeste dans toutes ses activités (géométrie, physique, religion) de rester au contact des faits, de la réalité effective, de l'observation concrète. — Comment a-t-il su tirer magnifiquement parti d'une donnée scientifique pour établir une architecture surprenante, qui tient compte de toutes les données du réel, à la fois naturel et surnaturel? — Étudiez dans quelle mesure la théorie des trois ordres de grandeurs dépasse les données méta-physiques de Léonard de Vinci et de Descartes, qui ne tiennent compte que des deux premières, et annonce les intuitions des grands poètes et romanciers du XIXᵉ siècle (Baudelaire, Hugo, Balzac). — Étudiez la composition lyrique du fragment 308, les effets obtenus par les répétitions, par les rythmes. Le style de ce passage n'annonce-t-il pas déjà la prose de Péguy et le verset claudélien? — Pascal et l'effort vers la sainteté.

327 (770)

Après que bien des gens sont venus devant, il est venu enfin J.-C. dire[1] : « Me voici et voici le temps. Ce que les prophètes ont dit devoir advenir dans la suite des temps, je vous dis que mes apôtres le vont faire. Les Juifs vont être rebutés.
5 Hierusalem sera bientôt détruite et les païens vont entrer dans la connaissance de Dieu. Mes apôtres le vont faire après que vous aurez tué l'héritier de la vigne.[2] »

Et puis les apôtres ont dit aux Juifs : « Vous allez être maudits. » Et aux païens : « Vous allez entrer dans la connais-
10 sance de Dieu », et cela est arrivé alors.

332 (710)

Prophéties.

Quand un seul homme aurait fait un livre des prédictions de J.-C., pour le temps et pour la manière, et que J.-C. serait venu conformément à ces prophéties, ce serait une force infinie.
15 Mais il y a bien plus ici. C'est une suite d'hommes durant quatre mille ans qui constamment et sans variation viennent l'un ensuite[3] de l'autre prédire ce même avènement. C'est un peuple tout entier qui l'annonce et qui subsiste depuis 4 000 années pour rendre en corps témoignages des assurances
20 qu'ils en ont, et dont ils ne peuvent être divertis par quelques menaces et persécutions qu'on leur fasse. Ceci est tout autrement considérable.

335 (706)

La plus grande des preuves de J.-C. sont les prophéties. C'est à quoi Dieu a le plus pourvu, car l'événement qui les
25 a remplies est un miracle subsistant depuis la naissance de l'église jusques à la fin. Aussi Dieu a suscité des prophètes durant 1 600 ans, et pendant 400 ans après il a dispersé toutes ces prophéties avec tous les juifs qui les portaient dans tous les lieux du monde. Voilà quelle a été la préparation à la
30 naissance de J.-C. dont l'Évangile devant être cru de tout le monde[4], il a fallu non seulement qu'il y ait eu des prophéties

---

1. Évangile selon saint Marc, XII, 7; 2. Évangile selon saint Marc, XII, 6; 3. L'une à la suite de l'autre; 4. Construction très lourde (latinisme), mais très claire.

pour le faire croire, mais que ces prophéties fussent par tout le monde[1] pour le faire embrasser par tout le monde[2].

338 (724)

Prédiction.

35 Qu'en la 4e monarchie, avant la destruction du 2e temple, avant que la domination des Juifs fût ôtée[3] en la 70e semaine de Daniel, pendant la durée du 2e temple, les païens seraient instruits et amenés à la connaissance du Dieu adoré par les Juifs[4], que ceux qui l'aiment seraient délivrés de leurs ennemis,
40 remplis de sa crainte et de son amour.

Et il est arrivé qu'en la 4e monarchie avant la destruction du 2e temple, etc., les païens en foule adorent Dieu et mènent une vie angélique.

Les filles consacrent à Dieu leur virginité et leur vie, les
45 hommes renoncent à tous[5] plaisirs. Ce que Platon n'a pu persuader à quelques peu d'hommes choisis et si instruits, une force secrète le persuade à cent milliers d'hommes ignorants, par la vertu de peu de paroles[6].

Les riches quittent leurs biens, les enfants quittent la mai-
50 son délicate de leurs pères pour aller dans l'austérité d'un désert, etc. Voyez Philon juif.

Qu'est-ce que tout cela? c'est ce qui a été prédit si longtemps auparavant; depuis 2 000 années aucun païen n'avait adoré le Dieu des Juifs et dans le temps prédit la foule des païens
55 adorent cet unique Dieu. Les temples sont détruits, les rois mêmes se soumettent à la croix. Qu'est-ce que tout cela? C'est l'esprit de Dieu qui est répandu sur la terre.

Nul païen depuis Moïse jusqu'à J.-C. selon les rabbins mêmes; la foule des païens après J.-C. croit les livres de Moïse
60 et en observe l'essence et l'esprit et n'en rejette que l'inutile.

---

1. Fussent répandues dans le monde entier; **2.** Des deux périodes énoncées dans ce paragraphe, l'une commence à Abraham, l'autre finit à Jésus-Christ. Pascal simplifie la chronologie; la dispersion des Juifs commence avec la captivité de Babylone (597 av. J.-C.), mais les prophéties ne se terminent que soixante-dix ans après le rétablissement du temple de Jérusalem (454 av. J.-C.); **3.** « Fût ôtée » à Juda (Genèse, XLIX, 10); **4.** Zacharie (VIII, 23) : « Le Seigneur des armées parla ainsi : En ces jours-là, il arrivera que deux hommes de toutes les langues des nations prendront et tiendront la frange de l'homme juif, disant : Nous irons avec vous; car nous avons ouï que Dieu est avec vous. » Cette prophétie est bien entendu interprétée comme prédisant les événements qui suivent la mort du Christ; **5.** Pascal emploie fréquemment *tous* sans article; **6.** Claude de Lingendes, *Troisième Sermon de Carême* : « Quels efforts n'a pas faits Platon pour persuader l'immortalité de l'âme? Et pourtant à combien peu d'hommes l'a-t-il persuadée! Mais les apôtres, à quel genre d'hommes ne l'ont-ils pas persuadée? ».

349 (652)

Figures particulières.

(T). Double loi, double tables de la loi, double temple, double capacité.

350 (623)

Joseph[1] croise ses bras et préfère le jeune **(32)**.

● XXVI. MORALE CHRÉTIENNE (351-376)

[Pascal reprend dans ce chapitre la belle image, qu'il emprunte à saint Paul, du corps mystique du Christ, qui cadrait admirablement, par son caractère à la fois concret et universel, avec les tendances les plus profondes de son esprit.]

351 (537)

Le christianisme est étrange; il ordonne à l'homme de reconnaître qu'il est vil et même abominable, et lui ordonne de vouloir être semblable à Dieu. Sans un tel contrepoids cette élévation le rendrait horriblement vain, ou cet abaisse-
5 ment le rendrait horriblement abject.

354 (534)

Il n'y a point de doctrine plus propre à l'homme que celle-là, qui l'instruit de sa double capacité de recevoir et de perdre la grâce à cause du double péril où il est toujours exposé, de désespoir[2] ou d'orgueil.

356 (539)

10 Quelle différence entre un soldat et un Chartreux[3] quant à l'obéissance? Car ils sont également obéissants et dépendants,

---

1. Pascal a écrit *Joseph* par inadvertance au lieu de « Jacob ». Allusion à la bénédiction accordée par Jacob mourant à ses douze enfants. Il met la main droite sur la tête d'Ephraïm, le plus jeune des fils de Joseph, et la gauche sur celle de l'aîné, Manassé. « Lors Joseph [...] dit à son père : Ce n'est pas ainsi, mon père car cettui-ci est l'aîné. Mets ta dextre sur sa tête. Lui, le refusant, dit : Je le sais bien, mon fils, je le sais. Cettui-ci croîtra plus que lui, et sa semence sera pleine de gens » (Genèse, XLVIII, traduction de Louvain); 2. Qui consiste dans le désespoir; 3. Pascal choisit comme exemple l'un des ordres monastiques les plus sévères, du point de vue de la discipline.

——— **QUESTIONS** ———

32. SUR LES FRAGMENTS INTITULÉS « PROPHÉTIES ». — Caractérisez l'importance accordée par Pascal à la réalisation des prophéties, donc à la preuve historique de Jésus-Christ.

et dans des exercices également pénibles, mais le soldat
espère toujours devenir maître et ne le devient jamais, car les
capitaines et princes mêmes sont toujours esclaves et dépen-
15 dants, mais il l'espère toujours, et travaille toujours à y venir,
au lieu que le Chartreux fait vœu de n'être jamais que dépen-
dant. Ainsi ils ne diffèrent pas[1] dans la servitude perpétuelle,
que tous deux ont toujours, mais dans l'espérance que l'un
a toujours et l'autre jamais.

357 (541)

20   Nul n'est heureux comme un vrai chrétien, ni raisonnable,
ni vertueux, ni aimable[2]

360 (482)

Commencement des membres pensants. Morale.
Dieu ayant fait le ciel et la terre qui ne sentent point le bonheur
de leur être, il a voulu faire des êtres qui le connussent et qui
25 composassent un corps de membres pensants. Car nos membres
ne sentent point le bonheur de leur union, de leur admirable
intelligence, du soin que la nature a d'y influer[3] les esprits
et de les faire croître et durer. Qu'ils seraient heureux s'ils le
sentaient, s'ils le voyaient, mais il faudrait pour cela qu'ils
30 eussent intelligence pour le connaître, et bonne volonté pour
consentir à celle de l'âme universelle. Que si ayant reçu l'intelligence ils s'en servaient à retenir en eux-mêmes la nourriture,
sans la laisser passer aux autres membres, ils seraient non
seulement injustes mais encore misérables, et se haïraient plutôt
35 que de s'aimer, leur béatitude aussi bien que leur devoir consistant à consentir à la conduite de l'âme entièr(e) à qui ils appartiennent, qui les aime mieux[4] qu'ils ne s'aiment eux-mêmes.

---

1. S'ils diffèrent, ce n'est pas...; 2. *Aimable :* digne d'être aimé; 3. *Influer :* insuf-
fler. L'emploi de ce verbe avec le sens actif se retrouve dans cette autre phrase de
Pascal : « Le corps lui a influé la vie »; 4. « *Mieux* en ce sens que l'âme aime les
membres parce qu'ils concourent à la vie totale de l'être, ce qui est leur véritable
destinée, et c'est pourquoi l'amour de l'âme pour les membres est, relativement à
ces membres eux-mêmes, plus légitime et plus profond que ne peut l'être l'attache-
ment égoïste à leur conservation ou à leur développement, séparé de la conservation
du développement du tout » (Brunschvicg).

364 (249)

C'est être superstitieux de mettre son espérance dans les formalités, mais c'est être superbe[1] de ne vouloir s'y soumettre.

365 (496)

40 L'expérience nous fait voir une différence énorme entre la dévotion et la bonté[2].

367 (672)

Point formalistes.

Quand saint Pierre et les apôtres[3] délibèrent d'abolir la circoncision où il s'agissait d'agir contre la loi de Dieu[4], ils
45 ne consultent point les prophètes mais simplement la réception du Saint-Esprit en la personne des incirconcis[5].

Ils jugent plus sûr que Dieu approuve ceux qu'il remplit de son esprit que non pas qu'il faille observer la loi.

Ils savaient que la fin de la loi n'était que le Saint-Esprit
50 et qu'ainsi puisqu'on l'avait[6] bien sans circoncision, elle n'était pas nécessaire.

373 (476)

Il faut n'aimer que Dieu et ne haïr que soi[7]... **(33)**

---

1. *Superbe* : orgueilleux. Ainsi, la morale chrétienne combat sur deux fronts. On retrouve sans cesse chez Pascal cette dialectique des contraires; 2. Souvenir de Montaigne (III, XII) : « Ruineuse instruction à toute police, et bien plus dommageable qu'ingénieuse et subtile, qui persuade aux peuples la religieuse créance suffire, seule, et sans les mœurs, à contenter la divine justice! L'usage nous fait voir une différence énorme entre la dévotion et la conscience. » Remplacement significatif de « conscience » par *bonté*; 3. Actes des apôtres, XV; 4. Genèse, XVII, 10; Lévitique, XII, 3; 5. Actes des apôtres (XV, 8) : « Dieu, qui connaît les cœurs, leur a rendu témoignage en leur donnant l'Esprit saint tout comme à nous »; 6. Le pronom *le* désigne le Saint-Esprit; 7. Saint Augustin, *Cité de Dieu*, XIV, 28; et Raymond Sebond, *Théologie naturelle*, CLXX.

--- **QUESTIONS** ---

33. SUR LES FRAGMENTS RELATIFS À LA « MORALE CHRÉTIENNE ». — Montrez le rôle modérateur que Pascal reconnaît à la morale chrétienne, sans cesse préoccupée d'établir un équilibre dans l'âme humaine, et luttant à cet effet à la fois contre le désespoir et contre les concupiscences. — Le sens de la dignité humaine dans le christianisme. — Christianisme et formalisme. Étudiez comment, pour Pascal, rien n'est plus éloigné du véritable élan chrétien que le tour d'esprit formaliste, qu'il appelle, tantôt « superstition » ou « grossièreté », tantôt « dévotion ». — Morale chrétienne et bonheur : oubli de soi, sentiment de solidarité. Morale active et efficace. — Comment ce chapitre complète-t-il et prolonge-t-il l'argument du pari (pages 97 et suivantes)?

● XXVII. CONCLUSION (377-382)

[Seule l'humilité permet la conversion véritable qui mène à l'amour de Dieu par l'intermédiaire de son Fils. Mais il faut beaucoup de patience et de persévérance, de foi et d'espérance, et surtout d'amour.]

377 (280)

Qu'il y a loin de la connaissance de Dieu à l'aimer[1].

378 (470)

Si j'avais vu un miracle, disent-ils, je me convertirais. Comment assurent-ils qu'ils feraient ce qu'ils ignorent? Ils s'imaginent que cette conversion consiste en une adoration qui se
5 fait de Dieu comme un commerce et une conversation telle qu'ils se la figurent. La conversion véritable consiste à s'anéantir devant cet être universel qu'on a irrité tant de fois et qui peut vous perdre légitimement à toute heure, à reconnaître qu'on ne peut rien sans lui et qu'on n'a rien mérité de lui
10 que sa disgrâce. Elle consiste à connaître qu'il y a une opposition invincible entre Dieu et nous et que sans un médiateur il ne peut y avoir de commerce.

379 (825)

Les miracles ne servent pas à convertir mais à condamner, 1. p. 9. 113. a. 10. ad. 2[2].

380 (284)

15 Ne vous étonnez pas de voir des personnes simples croire sans raisonnement. Dieu leur donne l'amour de soi et la haine d'eux-mêmes. Il incline leur cœur à croire. On ne croira jamais, d'une créance utile et de foi, si Dieu n'incline le cœur, et on croira dès qu'il l'inclinera.
20 Et c'est ce que David connaissait bien. *Inclina cor meum, Deus, in*, etc.[3]

---

1. La connaissance (des prophètes et des miracles) n'est pas l'amour; 2. Thomas d'Aquin, *Somme théologique*, question 113, article 10, réponse à la deuxième objection : « La conversion de l'impie n'est pas un miracle. » Écho d'une polémique avec le P. Annat, qui prétendait que les miracles sont pour la conversion des jansénistes. Du mot de saint Thomas, Pascal conclut que les miracles servent à la condamnation des jésuites, ou des juifs; 3. *In [testimonia tua]*. Psaume CXVIII, 36 : « Incline mon cœur à tes témoignages, et non vers l'avarice. »

381 (286)

Ceux qui croient sans avoir lu les Testaments, c'est parce qu'ils ont une disposition intérieure toute sainte et que ce qu'ils entendent dire de notre religion y est conforme. Ils sentent qu'un Dieu les a faits. Ils ne veulent aimer que Dieu, ils ne veulent haïr qu'eux-mêmes. Ils sentent qu'ils n'en ont pas la force d'eux-mêmes, qu'ils sont incapables d'aller à Dieu et que si Dieu ne vient à eux ils sont incapables d'aucune communication avec lui et ils entendent dire dans notre religion qu'il ne faut aimer que Dieu et ne haïr que soi-même, mais qu'étant[1] tous corrompus et incapables de Dieu, Dieu s'est fait homme pour s'unir à nous. Il n'en faut pas davantage pour persuader des hommes qui ont cette disposition dans le cœur[2], et qui ont cette connaissance de leur devoir et de leur incapacité.

Complément au chapitre XXVII

[Pascal a précisé, dans une série de fragments non classés, ce qu'il entend par le « cœur » et quelles sont, à son avis, les diverses voies pour atteindre Dieu.]

423 (277)   ● PNC. Série II.

Le cœur a ses raisons que la raison ne connaît point; on le sait en mille choses.

Je dis que le cœur aime l'être universel naturellement et soi-même naturellement, selon qu'il s'y adonne, et il se durcit contre l'un ou l'autre à son choix. Vous[3] avez rejeté l'un et l'autre; est-ce par raison que vous vous aimez?

424 (278)

C'est le cœur qui sent Dieu et non la raison. Voilà ce que c'est que la foi. Dieu sensible au cœur, non à la raison[4].

---

1. *Étant* : comme nous étions; **2.** Les deux verbes *sentir* et *vouloir* représentent très exactement les deux aspects complémentaires de ce que Pascal appelle le *cœur* : intuition et volonté; **3.** Ce *vous* s'adresse au libertin; **4.** Expression courante chez les solitaires de Port-Royal. Barcos (« Explication du Symbole ») : « La foi de Dieu demande de nous, et par laquelle nous sommes chrétiens, vient principalement du cœur et est toujours accompagnée d'amour et d'affection envers Dieu et sa vérité, qui est lui-même. »

808 (245)   ● PNC. Série XXIX.

Il y a trois moyens de croire : la raison, la coutume[1], (l')ins-
45 piration[2]. La religion chrétienne, qui seule a la raison, n'ad-
met point pour ses vrais enfants ceux qui croient sans inspiration. Ce n'est pas qu'elle exclue la raison et la coutume,
au contraire; mais il faut ouvrir son esprit aux preuves, s'y
confirmer par la coutume, mais s'offrir par les humiliations
50 aux inspirations, qui seules peuvent faire le vrai et salutaire
effet, *ne evacuetur crux Christi*[3].

[Toujours préoccupé de considérer l'homme dans sa réalité totale,
Pascal, reprenant l'idée de l' « abêtissement » dans le fragment du
Pari, montre l'importance de la coutume dans la foi.]

821 (252)   ● PNC. Série XXIX.

Car il ne faut pas se méconnaître, nous sommes automate[4]
autant qu'esprit. Et de là vient que l'instrument par lequel
la persuasion se fait n'est pas la seule démonstration. Combien
55 y a(-t-)il peu de choses démontrées? Les preuves ne convainquent
que l'esprit, la coutume fait nos preuves les plus fortes et les
plus crues. Elle incline l'automate qui entraîne l'esprit sans
qu'il y pense. Qui a démontré qu'il sera demain jour et que
nous mourrons, et qu'y a(-t-)il de plus cru? C'est donc la
60 coutume qui nous en persuade. C'est elle qui fait tant de chrétiens, c'est elle qui fait les Turcs[5], les païens, les métiers, les
soldats, etc. Il y a la foi reçue dans le baptême de plus aux
chrétiens qu'aux païens. Enfin il faut avoir recours à elle quand
une fois l'esprit a vu où est la vérité afin de nous abreuver
65 et nous teindre[6] de cette créance qui nous échappe à toute

---

1. *La coutume* : l'habitude que donne la pratique de tous les actes de dévotion
(génuflexion, signe de la croix, etc.); 2. Pascal avait d'abord écrit : « La révélation ».
Inspiration met davantage l'accent sur l'action de la grâce divine; 3. Saint Paul (Première Épître aux Corinthiens, I, 17) : « Pour que la croix ne soit anéantie »; saint
Augustin *(De la nature et de la grâce)* : « La croix du Christ est devenue vaine si
l'on dit qu'il est possible de parvenir à la justice et à la vie éternelle en croyant au
Dieu qui a fait le ciel et la terre, et de remplir sa volonté en vivant bien, sans être
pénétré de la foi en la passion du Christ et en sa résurrection » (texte cité par Jansénius); 4. *Automate* : Brunschvicg signale deux sens du mot *automatisme* : « 1° Automatisme s'oppose à dépendance, et l'esprit peut être dit spontané, en ce sens qu'il
ne tiendrait ses principes que de lui-même; 2° Automatisme s'oppose à réflexion.
Suivant Descartes, toute pensée entraînant la conscience de soi est réfléchie; l'automatisme devient le caractère propre de la vie corporelle, l'automate est identifié au
corps auquel sont attribuées d'ailleurs toutes les fonctions spontanées de l'intelligence, celles qui se développent par habitude et celles qui agissent mécaniquement
en nous. Ainsi s'explique l'opposition que Pascal établit entre l'automate et l'esprit »;
5. *Les Turcs* : les Mahométans; 6. *Nous teindre* : nous imprégner.

heure, car d'en avoir toujours les preuves présentes c'est trop
d'affaire. Il faut acquérir une créance plus facile, qui est celle
de l'habitude, qui est sans violence, sans art, sans argument nous
fait croire les choses et incline toutes nos puissances à cette
70 croyance, en sorte que notre âme y tombe naturellement.
Quand on ne croit que par la force de la conviction et que
l'automate est incliné à croire le contraire ce n'est pas assez.
Il faut donc faire croire nos deux pièces, l'esprit par les raisons
qu'il suffit d'avoir vues une fois[1] en sa vie et l'automate par
75 la coutume, et en ne lui permettant pas de s'incliner au contraire.
Inclina cor meum Deus[2].

La raison agit avec lenteur et avec tant de vues sur tant de
principes, lesquels il faut qu'ils soient toujours présents, qu'à
toute heure elle s'assoupit ou s'égare manque d'avoir tous ses
80 principes présents. Le sentiment n'agit pas ainsi ; il agit en un
instant et toujours est prêt à agir[3]. Il faut donc mettre notre
foi dans le sentiment, autrement elle sera toujours vacillante. **(34)**

---

1. Encore une conception cartésienne : les vérités démontrées survivent dans l'esprit
aux démonstrations qu'on s'en est faites ; 2. Voir page 140, note 3 ; 3. Nouvelle précision sur la valeur volitive du sentiment.

──────── **QUESTIONS** ────────

34. Sur la « Conclusion ». — Montrez le rôle de l'intuition dans la
certitude morale et dans la conduite quotidienne. — Montrez que si
Pascal s'adresse à des « personnes instruites », capables de « penser »,
de réfléchir et de se documenter, il indique nettement que le travail de
l'esprit est insuffisant, et même, parfois, inutile, que, de toute manière,
il doit être prolongé et promu par l'humilité, par la pratique de la charité. — Différences entre le « cœur » et la capricieuse sentimentalité.
Commentez cette définition de Jean Mesnard : « Le « cœur » n'est,
en fin de compte, que le point d'insertion en l'homme de la grâce divine. »
— Ressemblances et différences entre la religion selon Pascal et le spi-
ritualisme de J.-J. Rousseau. — Différence entre la conception religieuse
de Pascal et la théorie de l' « amour intellectuel de Dieu », développée
par Spinoza. — L'influence de saint Paul et celle de saint Augustin dans
la doctrine pascalienne.

DOCUMENTATION THÉMATIQUE
réunie par la Rédaction des Nouveaux Classiques Larousse

1. PASCAL ET LES *PENSÉES*

Les deux textes suivants peuvent être mis en relation avec les *Pensées* du fait de leur tonalité.

1.1. *SUR LA CONVERSION DU PÉCHEUR*

Cet opuscule, écrit à la fin de 1653, est représentatif de l'état d'esprit de Pascal dès cette époque; on y cherchera le rapport d'une part avec le dessein général des *Pensées*, d'autre part avec le plan suivi; on y étudiera enfin les aspects stylistiques que l'on retrouve dans les *Pensées* : ferveur, lyrisme, rigueur d'esprit.

La première chose que Dieu inspire à l'âme qu'il daigne toucher véritablement, est une connaissance et une vue tout extraordinaire par laquelle l'âme considère les choses et elle-même d'une façon toute nouvelle.

Cette nouvelle lumière lui donne de la crainte, et lui apporte un trouble qui traverse le repos qu'elle trouvait dans les choses qui faisaient ses délices.

Elle ne peut plus goûter avec tranquillité les choses qui la charmaient. Un scrupule continuel la combat dans cette jouissance, et cette vue intérieure ne lui fait plus trouver cette douceur accoutumée parmi les choses où elle s'abandonnait avec une pleine effusion de son cœur.

Mais elle trouve encore plus d'amertume dans les exercices de piété que dans les vanités du monde. D'une part, la présence des objets visibles la touche plus que l'espérance des invisibles, et de l'autre la solidité des invisibles la touche plus que la vanité des visibles. Et ainsi la présence des uns et la solidité des autres disputent son affection; et la vanité des uns et l'absence des autres excitent son aversion; de sorte qu'il naît dans elle un désordre et une confusion qu'[elle a peine à démêler, mais qui est la suite d'anciennes impressions longtemps senties et des nouvelles qu'elle éprouve].

Elle considère les choses périssables comme périssantes et même déjà péries; et dans la vue certaine de l'anéantissement de tout ce qu'elle aime, elle s'effraye dans cette considération, en voyant que chaque instant lui arrache la jouissance de son bien, et que ce qui lui est le plus cher s'écoule à tout moment, et qu'enfin un jour certain viendra auquel elle se trouvera dénuée de toutes les choses auxquelles elle avait mis son espérance.

De sorte qu'elle comprend parfaitement que son cœur ne s'étant attaché qu'à des choses fragiles et vaines, son âme se doit trouver seule et abandonnée au sortir de cette vie, puisqu'elle n'a pas eu soin de se joindre à un bien véritable et subsistant par lui-même, qui pût la soutenir et durant et après cette vie.

De là vient qu'elle commence à considérer comme un néant tout ce qui doit retourner dans le néant, le ciel, la terre, son esprit, son corps, ses parents, ses amis, ses ennemis, les biens, la pauvreté, la disgrâce, la prospérité, l'honneur, l'ignominie, l'estime, le mépris, l'autorité, l'indigence, la santé, la maladie et la vie même; enfin tout ce qui doit moins durer que son âme est incapable de satisfaire le dessein de cette âme qui recherche sérieusement à s'établir dans une félicité aussi durable qu'elle-même.

Elle commence à s'étonner de l'aveuglement où elle a vécu; et quand elle considère d'une part le long temps qu'elle a vécu sans faire ces réflexions et le grand nombre de personnes qui vivent de la sorte, et de l'autre combien il est constant que l'âme, étant immortelle comme elle est, ne peut trouver sa félicité parmi des choses périssables, et qui lui seront ôtées au moins à la mort, elle entre dans une sainte confusion et dans un étonnement qui lui porte un trouble bien salutaire.

Car elle considère que quelque grand que soit le nombre de ceux qui vieillissent dans les maximes du monde, et quelque autorité que puisse avoir cette multitude d'exemples de ceux qui posent leur félicité au monde, il est constant néanmoins que quand les choses du monde auraient quelque plaisir solide, ce qui est reconnu pour faux par un nombre infini d'expériences si funestes et si continuelles, il est inévitable que la perte de ces choses, ou que la mort enfin nous en prive, de sorte que l'âme s'étant amassé des trésors de biens temporels de quelque nature qu'ils soient, soit or, soit science, soit réputation, c'est une nécessité indispensable qu'elle se trouve dénuée de tous ces objets de sa félicité; et qu'ainsi, s'ils ont eu de quoi la satisfaire, ils n'auront pas de quoi la satisfaire toujours; et que si c'est se procurer un bonheur véritable, ce n'est pas se proposer un bonheur bien durable, puisqu'il doit être borné avec le cours de cette vie.

De sorte que par une sainte humilité, que Dieu relève au-dessus de la superbe, elle commence à s'élever au-dessus du commun des hommes; elle condamne leur conduite, elle déteste leurs maximes, elle pleure leur aveuglement, elle se porte à la recherche du véritable bien : elle comprend qu'il faut qu'il ait ces deux qualités, l'une qui dure autant qu'elle, et qu'il ne puisse lui être ôté que de son consentement, et l'autre qu'il n'y ait rien de plus aimable.

Elle voit que dans l'amour qu'elle a eu pour le monde elle trouvait en lui cette seconde qualité dans son aveuglement, car elle ne reconnaissait rien de plus aimable; mais comme elle n'y voit pas la première, elle connaît que ce n'est pas le souverain bien. Elle le cherche donc ailleurs, et connaissant par une lumière toute pure qu'il n'est point dans les choses qui sont en elle, ni hors d'elle, ni devant elle (rien donc en elle, rien à ses côtés), elle commence de le chercher au-dessus d'elle.

Cette élévation est si éminente et si transcendante, qu'elle ne s'arrête pas au ciel (il n'a pas de quoi la satisfaire) ni au-dessus du ciel, ni aux anges, ni aux êtres les plus parfaits. Elle traverse toutes les créatures, et ne peut arrêter son cœur qu'elle ne se soit rendue jusqu'au trône de Dieu, dans lequel elle commence à trouver son repos et ce bien qui est tel qu'il n'y a rien de plus aimable, et qu'il ne peut lui être ôté que par son propre consentement.

Car encore qu'elle ne sente pas ces charmes dont Dieu récompense l'habitude dans la piété, elle comprend néanmoins que les créatures ne peuvent être plus aimables que le Créateur, et sa raison aidée de la lumière de la grâce lui fait connaître qu'il n'y a rien de plus aimable que Dieu et qu'il ne peut être ôté qu'à ceux qui le rejettent, puisque c'est le posséder que de le désirer, et que le refuser c'est le perdre.

Ainsi elle se réjouit d'avoir trouvé un bien qui ne peut lui être ravi tant qu'elle le désirera, et qui n'a rien au-dessus de soi. Et dans ces réflexions nouvelles elle entre dans la vue des grandeurs de son Créateur, et dans des humiliations et des adorations profondes. Elle s'anéantit en conséquence et ne pouvant former d'elle-même une idée assez basse, ni en concevoir une assez relevée de ce bien souverain, elle fait de nouveaux efforts pour se rabaisser jusqu'aux derniers abîmes du néant, en considérant Dieu dans des immensités qu'elle multiplie sans cesse; enfin dans cette conception, qui épuise ses forces, elle l'adore en silence, elle se considère comme sa vile et inutile créature, et par ses respects réitérés l'adore et le bénit, et voudrait à jamais le bénir et l'adorer. Ensuite elle reconnaît la grâce qu'il lui a faite de manifester son infinie majesté à un si chétif vermisseau; et après une ferme résolution d'en être éternellement reconnaissante, elle entre en confusion d'avoir préféré tant de vanités à ce divin maître, et dans un esprit de componction et de pénitence, elle a recours à sa pitié, pour arrêter sa colère dont l'effet lui paraît épouvantable dans la vue de ses immensités...

Elle fait d'ardentes prières à Dieu pour obtenir de sa miséricorde que comme il lui a plu de se découvrir à elle, il lui plaise la conduire et lui faire connaître les moyens d'y arriver. Car comme c'est à Dieu qu'elle aspire, elle aspire encore à n'y arriver que par des moyens qui viennent de Dieu même, parce qu'elle veut qu'il soit lui-même son chemin, son objet et sa dernière fin. En suite de ces prières, elle [conçoit qu'elle doit agir conformément à ses nouvelles lumières].

Elle commence à connaître Dieu, et désire d'y arriver; mais comme elle ignore les moyens d'y parvenir, si son désir est sincère et véritable, elle fait la même chose qu'une personne qui désirant arriver en quelque lieu, ayant perdu le chemin, et connaissant son égarement, aurait recours à ceux qui sauraient parfaitement ce chemin : [elle consulte de même ceux qui peuvent l'instruire de la voie qui mène à ce Dieu qu'elle a si longtemps abandonné. Mais, en demandant à la connaître] elle se résout de conformer à ses volontés le reste de sa vie; et comme sa faiblesse naturelle, avec l'habitude qu'elle a aux péchés où elle a vécu, l'ont réduite dans l'impuissance d'arriver à cette félicité, elle implore de sa miséricorde les moyens d'arriver à lui, de s'attacher à lui, d'y adhérer éternellement. [Toute occupée de cette beauté si ancienne et si nouvelle pour elle, elle sent que tous ses mouvements doivent se porter vers cet objet.]

Ainsi elle reconnaît qu'elle doit adorer Dieu comme créature, lui rendre grâce comme redevable, lui satisfaire comme coupable, le prier comme indigente, [jusqu'à ce qu'elle n'ait plus qu'à le voir, l'aimer, le louer dans l'éternité].

1.2. *LE MYSTÈRE DE JÉSUS*

Cette méditation, rédigée vraisemblablement par Pascal au début de 1655, peut-être lors de son séjour à Port-Royal des Champs, n'avait pas été communiquée aux copistes. Elle a été publiée par Faugère en 1844.

919 (553)

Jésus souffre dans sa passion les tourments que lui font les hommes, mais dans l'agonie il souffre les tourments qu'il se donne à lui-même. *Turbare semetipsum.* C'est un supplice d'une main non humaine mais toute-puissante, et il faut être tout-puissant pour le soutenir.

Jésus cherche quelque consolation au moins dans ses trois plus chers amis et ils dorment; il les prie de soutenir un peu avec lui, et ils le laissent avec une négligence entière ayant si peu de compassion qu'elle ne pouvait seulement les empêcher de dormir un moment. Et ainsi Jésus était délaissé seul à la colère de Dieu.

Jésus est seul dans la terre non seulement qui ressente et partage sa peine, mais qui la sache. Le ciel et lui sont seuls dans cette connaissance.

Jésus est dans un jardin non de délices comme le premier Adam où il se perdit et tout le genre humain, mais dans un de supplices où il s'est sauvé et tout le genre humain.

Il souffre cette peine et cet abandon dans l'horreur de la nuit.

Je crois que Jésus ne s'est jamais plaint que cette seule fois. Mais alors il se plaint comme s'il n'eût plus pu contenir sa douleur excessive. Mon âme est triste jusqu'à la mort.

Jésus cherche de la compagnie et du soulagement de la part des hommes.

Cela est unique en toute sa vie ce me semble, mais il n'en reçoit point, car ses disciples dorment.

Jésus sera en agonie jusqu'à la fin du monde. Il ne faut pas dormir pendant ce temps-là.

Jésus au milieu de ce délaissement universel et de ses amis choisis pour veiller avec lui, les trouvant dormants, s'en fâche à cause du péril où ils exposent non lui mais eux-mêmes, et les avertit de leur propre salut et de leur bien avec une tendresse cordiale pour eux pendant leur ingratitude. Et les avertit que l'esprit est prompt et la chair infirme.

Jésus les trouvant encore dormants sans que ni sa considération ni la leur les en eût retenus, il a la bonté de ne pas les éveiller et les laisse dans leur repos.

Jésus prie dans l'incertitude de la volonté du Père et craint la mort. Mais l'ayant connue il va au-devant s'offrir à elle. *Eamus processit.*

Jésus a prié les hommes et n'en a pas été exaucé.

Jésus pendant que ses disciples dormaient a opéré leur salut. Il l'a fait à chacun des justes pendant qu'ils dormaient et dans le néant avant leur naissance et dans les péchés depuis leur naissance.

Il ne prie qu'une fois que le calice passe et encore avec soumission, et deux fois qu'il vienne s'il le faut.

Jésus dans l'ennui.

Jésus voyant tous ses amis endormis, et tous ses ennemis vigilants se remet tout entier à son père.

Jésus ne regarde pas dans Judas son inimitié mais l'ordre de Dieu qu'il aime, et la voit si peu qu'il l'appelle ami.

Jésus s'arrache d'avec ses disciples pour entrer dans l'agonie; il faut s'arracher de ses plus proches et des plus intimes, pour l'imiter.

Jésus étant dans l'agonie et dans les plus grandes peines, prions plus longtemps.

Nous implorons la miséricorde de Dieu, non afin qu'il nous laisse en paix dans nos vices, mais afin que Dieu nous en délivre.

Si Dieu nous donnait des maîtres de sa main. O qu'il leur faudrait obéir de bon cœur. La nécessité et les événements en sont infailliblement.

Console-toi. Tu ne me chercherais pas si tu ne m'avais trouvé.

Je pensais à toi dans mon agonie; j'ai versé telles gouttes de sang pour toi.

C'est me tenter plus que t'éprouver, que de penser si tu ferais bien, telle et telle chose absente. — Je la ferai en toi si elle arrive.

Laisse-toi conduire à mes règles. Vois comme j'ai bien conduit la Vierge et les saints qui m'ont laissé agir en eux.

Le Père aime tout ce que je fais.

Veux-tu qu'il me coûte toujours du sang de mon humanité sans que tu donnes des larmes.

C'est mon affaire que ta conversion; ne crains point et prie avec confiance comme pour moi.

Je te suis présent par ma parole dans l'Écriture, par mon esprit dans l'Église et par les inspirations, par ma puissance dans les prêtres, par ma prière dans les fidèles.

Les médecins ne te guériront pas, car tu mourras à la fin mais c'est moi qui guéris et rends le corps immortel.

Souffre les chaînes et la servitude corporelle. Je ne te délivre que de la spirituelle à présent.

Je te suis plus ami que tel et tel, car j'ai fait pour toi plus qu'eux et ils ne souffriraient pas ce que j'ai souffert de toi et ne mourraient pas pour toi dans le temps de tes infidélités et cruautés comme j'ai fait et comme je suis prêt à faire et fais dans mes élus — et au Saint Sacrement.

Si tu connaissais tes péchés tu perdrais cœur. Je le perdrai donc, Seigneur, car je crois leur malice sur votre assurance. Non car moi par qui tu l'apprends t'en peux guérir et ce que je te dis est un signe que je te veux guérir. A mesure que tu les expieras tu les connaîtras et il te sera dit : Vois les péchés qui te sont remis.

Fais donc pénitence pour tes péchés cachés et pour la malice occulte de ceux que tu connais.

Seigneur je vous donne tout.

Je t'aime plus ardemment que tu n'as aimé tes souillures. *Ut immundus pro luto.*

Qu'à moi en soit la gloire et non à toi, ver et terre.

Témoigne à ton Directeur que mes propres paroles te sont occasion de mal et de vanité ou curiosité.

La fausse justice de Pilate ne sert qu'à faire souffrir J.-C. Car il le fait fouetter par sa fausse justice et puis le tue. Il vaudrait mieux l'avoir tué d'abord. Ainsi les faux justes. Ils font de bonnes œuvres et de méchantes pour plaire au monde et montrer qu'ils ne sont pas tout à fait à J.-C., car ils en ont honte et enfin dans les grandes tentations et occasions ils le tuent.

Je vois mon abîme d'orgueil, de curiosité, de concupiscence. Il n'y a nul rapport de moi à Dieu, ni à J.-C. juste. Mais il a été fait péché pour moi. Tous vos fléaux sont tombés sur lui. Il est plus abominable que moi, et loin de m'abhorrer il se tient honoré que j'aille à lui et le secoure. Mais il s'est guéri lui-même et me guérira à plus forte raison.

Il faut ajouter mes plaies aux siennes et me joindre à lui et il me sauvera en se sauvant.

Mais il n'en faut pas ajouter à l'avenir.

Eritis sicut dii scientes bonum et malum; tout le monde fait le Dieu en jugeant : cela est bon ou mauvais et s'affligeant ou se réjouissant trop des événements.

Faire les petites choses comme grandes à cause de la majesté de J.-C. qui les fait en nous et qui vit notre vie, et les grandes comme petites et aisées à cause de sa toute-puissance.

On utilisera ce texte en relation avec les Pensées se rapportant à Jésus-Christ (n° 189, 192, 221, 228, 298, 300, 308, 327 et 416); analyse du caractère pathétique : sincérité, passion. S'agit-il plus d'une méditation que d'une sorte de dialogue, en dépit de l'apparence formelle ?

2. L'ART DE PERSUADER

En 1667, le secrétaire du duc de Roannez, Filleau de La Chaise, gentilhomme poitevin, écrivit un *Discours sur les Pensées de M. Pascal, où l'on essaie de faire voir quel était son dessein.*

Initialement prévu pour servir de Préface aux *Pensées*, il fut rejeté pour être remplacé par un texte de Périer, neveu de Pascal, qui le reprend sur bien des points. Dans l'extrait que nous reproduisons, l'on étudiera les rapprochements à faire avec ce qui, dans les *Pensées*, concerne l'art de persuader, l'éloquence, l'ordre de l'esprit et celui du cœur; voici, à titre indicatif, quelques références : cœur (n° 110, 139, 298, 423, 424), éloquence (513, 667), esprit (512), géométrie (512, 513), ordre (2, 3, 5, 12), raisons (89, 90, 91, 106).

Après donc qu'il leur eut exposé ce qu'il pensait des preuves dont on se sert d'ordinaire, et fait voir combien celles qu'on tire des ouvrages de Dieu sont peu proportionnées à l'état naturel du cœur humain, et combien les hommes ont la tête peu propre aux raisonnements métaphysiques, il montra clairement qu'il n'y a que les preuves morales et historiques, et de certains sentiments qui viennent de la nature et de l'expérience, qui soient de leur portée; et il fit voir que ce n'est que sur des preuves de cette sorte que sont fondées les choses qui sont reconnues dans le monde pour les plus certaines. Et en effet, qu'il y ait une ville qu'on appelle Rome, que Mahomet ait été, que l'embrasement de Londres soit véritable, on aurait de la peine à le démontrer. Cependant ce serait être fou d'en douter, et de ne pas exposer sa vie là-dessus pour peu qu'il y eût à gagner. Les voies par où nous acquérons ces sortes de certitudes, pour n'être pas géométriques, n'en sont pas moins infaillibles, et ne nous doivent pas moins porter à agir, et ce n'est même que là-dessus que nous agissons presque en toutes choses.

M. Pascal entreprit donc de faire voir que la religion chrétienne était en aussi forts termes que ce qu'on reçoit le plus indubitablement entre les hommes; et suivant son dessein de leur apprendre à se connaître, il commença par une peinture de l'homme qui, pour n'être qu'un raccourci, ne laissait pas de contenir tout ce qu'on a jamais dit de plus excellent sur ce sujet, et ce qu'il en avait pensé lui-même, qui allait bien au-delà. Jamais ceux qui ont le plus méprisé l'homme n'ont poussé si loin son imbécillité, sa corruption, ses ténèbres; et jamais sa grandeur et ses avantages n'ont été portés si haut par ceux qui l'ont le plus relevé. Tout ce qu'on voit dans ces fragments touchant les illusions de l'imagination, la vanité, l'ennui, l'orgueil, l'amour-propre, l'égarement des païens, l'aveuglement des athées, et de l'autre côté ce qu'on y trouve de la pensée de l'homme, de la recherche du vrai bien, du sentiment de sa misère, de l'amour de la vérité : tout cela fait assez voir à quel point il avait étudié et connu l'homme, et l'aurait bien mieux fait encore, s'il avait plu à Dieu qu'il y mît la dernière main.

3. LE PARI

3.1. LA TECHNIQUE DU PARI

L'idée d'un tel argument n'appartient pas à Pascal, cela a été maintes fois dit. Nous nous bornerons sur ce point à renvoyer à Montaigne, *Essais* (II, xii, « Apologie de Raymond Sebond ») et à proposer le texte suivant, extrait d'une lettre de la Mère Angélique de Saint-Jean. On y cherchera les rapprochements avec le texte de Pascal. Puis l'on analysera de quelle manière ce fragment s'en distingue : l'état d'esprit initial de la personne qui doute; la portée du doute exprimé, ici et la valeur du pari dans le texte de Pascal.

C'est comme une espèce de doute de toutes les choses de la foi et de la Providence à quoi je m'arrête si peu que, de peur de raisonner et de donner plus d'entrée à la tentation, il me semble que mon esprit la rejette avec une certaine vue qui serait elle-même contraire à la foi, parce qu'elle enferme une espèce de doute, qui est comme si je disais que, quand il y aurait quelque chose d'incertain dans ce qui me paraît la vérité et que tout ce que je crois de l'immortalité de l'âme, etc., pourrait être douteux, je n'aurais point de meilleur parti à choisir que celui de suivre toujours la vertu. Je me fais peur en écrivant cela, car jamais cela ne fut si expliqué dans mon esprit; c'est quelque chose qui s'y passe sans quasi qu'on l'y discerne. Cependant, ne manque-t-il point quelque chose à la certitude de la foi quand on est capable de ces pensées? Je n'en ai osé parler à personne parce qu'elles me paraissent si dangereuses que je craindrais d'en donner la moindre vue à celles à qui je dirais ma peine.

3.2. PRÉDESTINATION ET PARI

L. Goldmann (*le Dieu caché*, Gallimard) pose ainsi le problème :

Formulons d'emblée le problème : cet interlocuteur représente-t-il une catégorie particulière d'hommes, les libertins par exemple, et dans ce cas le fragment 233 et avec lui de nombreux autres fragments des *Pensées* ne sont-ils qu'une argumentation apologétique sans grande importance pour le chrétien Pascal qui avait la foi, ou bien cet interlocuteur représente-t-il un aspect essentiel de la condition humaine, de tout homme quel qu'il soit — et par conséquent aussi une possibilité — sans doute jamais réalisée mais toujours existante, en tant que possibilité, de Pascal lui-même.

On confrontera cette position avec celle qui a cours traditionnellement; on tentera d'en définir l'originalité et la fécondité en utilisant ces quelques indications données par l'éditeur :

[...] Lucien Goldmann établit l'existence d'une structure intellectuelle, pratique et affective, la *vision tragique*, opposée à la spiritualité et au mysticisme, structure qui constitue dans l'histoire de la conscience occidentale la transition entre les individualismes — rationaliste et sceptique — et la pensée dialectique.

Après avoir décrit cette structure caractérisée en premier lieu par le concept de Dieu caché — présent et absent — et par la nature réellement ou virtuellement paradoxale de l'homme, il montre qu'elle constitue — à travers et malgré toutes les différences — l'*essence commune* du jansénisme « extrémiste », des *Pensées* de Pascal, de la philosophie critique de Kant et du théâtre de Racine (couverture, p. iv).

A. PASCAL ET PORT-ROYAL.

Martin de Barcos, neveu et successeur de Saint-Cyran et ami d'Arnauld, écrit dans son *Exposition de la foi de l'Eglise romaine concernant la grâce et la prédestination*, ces lignes qu'on analysera en fonction du *Pari* de Pascal.

On recherchera, entre les deux textes, le déplacement du point sur lequel porte la notion d'espoir; on utilisera également le texte de Pascal cité ensuite.

◆ Martin de Barcos.

Quant à vous qui dites : Si je suis du nombre des réprouvés, je n'ai que faire de pratiquer le bien? N'êtes-vous pas cruel envers vous-même de vous destiner au plus grand de tous les malheurs, sans savoir si Dieu nous y a destiné? Il ne vous a pas révélé le secret de son conseil sur notre salut ou notre damnation. Pourquoi attendez-vous plutôt des châtiments de sa justice que des grâces de sa miséricorde? Peut-être il vous donnera sa grâce, peut-être il ne vous la donnera pas, que n'espérez-vous autant que vous craignez, au lieu de désespérer de son bien qu'il donne à d'autres qui en sont aussi indignes que vous? Vous perdez infailliblement par le désespoir ce que vous acquéreriez probablement par l'espérance. Et dans le doute, si vous êtes réprouvés, vous concluez qu'il faut vivre comme si vous l'étiez et ne pas faire ce qui peut-être vous empêche de l'être. Votre conséquence n'est-elle pas aussi contraire à la raison d'homme sage qu'à la foi de bon chrétien. Mais que me serviront mes bonnes œuvres si je ne suis pas prédestiné? Que perdez-vous en obéissant à votre créateur, en l'aimant, en faisant ses volontés, ou plutôt que ne gagnerez-vous pas si vous vivez et persévérez dans son amour? et supposé même que vous êtes réprouvés, ce qui me fait horreur à dire, pouvez-vous jamais en aucun état vous dispenser de vos devoirs envers Dieu? N'est-ce pas votre bien et votre vie bienheureuse et sur la terre et dans le ciel que de l'adorer, de l'aimer et de le suivre? Entre les peines que vous encourez, en ce monde et en l'autre, en ne faisant pas ses volontés, y a-t-il une plus grande misère?

◆ Pascal, *Premier Écrit sur la grâce*, I.

Que tous les hommes du monde sont obligés de croire, mais d'une créance mêlée de crainte et qui n'est pas accompagnée de certitude, qu'ils sont de ce petit nombre d'élus que Jésus-Christ veut sauver, et de ne juger jamais d'aucun des hommes qui vivent sur la terre quelque méchants et impies qu'ils soient, tant qu'il leur reste un moment de vie, qu'ils ne sont pas du nombre des prédestinés, laissant dans le secret impénétrable de Dieu le discernement des élus d'avec les réprouvés. Ce qui les oblige de faire pour eux ce qui peut contribuer à leur salut.

On réfléchira sur cette conclusion que tire L. Goldmann *(loc. cit.)* :

Il n'y a donc *aucune contradiction* entre les théories augustiniennes de la grâce et de la prédestination que Pascal acceptait intégralement, et le fait d'agir *comme si* chaque homme pouvait être sauvé et de faire tout pour contribuer à son salut (bien qu'*en réalité* celui-ci ne dépende en dernière instance que de la volonté divine).

B. PASCAL ET KANT.

L. Goldmann indique : « Ce qu'on reproche à Pascal c'est d'agir d'une manière qui, d'après ses propres positions, ne saurait en aucun cas être efficace par elle-même, or, cela ne serait contradictoire *que dans une morale de l'efficacité* et non dans une morale de l'intention. » La prédestination — qui entraîne que l'homme ne peut en rien connaître le choix de Dieu — nous oblige à agir sans savoir si notre interlocuteur fait ou non partie des élus, « en suivant — M. Gouhier l'a remarqué — un *impératif formel*, une règle générale qui ne *fait aucune distinction* entre les hommes (et qui présente de profondes analogies avec l'impératif kantien) ». Pascal distingue deux points de vue : pour Dieu, il existe les élus et les réprouvés; pour l'homme, ces deux catégories ne sont que des possibilités sur le plan individuel, « lui-même se représentant comme un être intermédiaire qui les réunit » sans que le choix soit définitivement possible en cette vie.

« C'est, nous semble-t-il, précisément l'idée exprimée non seulement dans les nombreux fragments qui nous disent que l'homme n'est ni ange ni bête, qu'il est un roseau pensant, etc., mais aussi par les deux divisions tripartites qui constituent le fondement même de la pensée pascalienne, et qui se trouvent l'une dans un des écrits sur la grâce (élus, réprouvés et appelés) et l'autre dans de nombreux fragments », dont la Pensée nº 160.

On réfléchira à ce rapprochement en se rapportant à cette Pensée et à celles qui concernent l'homme (nº 6, 24, 27, 39, 45, 55, 78, 99, 119, 121, 128, 131, 136, 199, 200, 239, 354, 427, 491, 605) et en utilisant le parallèle suivant que fait L. Goldmann :

L'impératif formel dont parlait M. Gouhier devait être formulé ainsi : « Agis envers tout homme quel qu'il soit — envers le plus méchant et envers le meilleur — comme si Dieu devait se servir de ton action pour le sauver. » Il nous semble inutile d'insister sur la parenté entre cette formule et la seconde formulation de l'impératif catégorique chez Kant : « Agis de telle sorte que tu traites l'humanité dans ta personne aussi bien que dans la personne de tout autre, toujours en même temps comme une fin, et jamais simplement comme un moyen. »

3.3. VALEUR ET PORTÉE DU PARI

L'argument du pari a été diversement interprété. Dès le départ, Port-Royal, dans son édition des *Pensées*, fait précéder ce fragment de l'Avis suivant :

Presque tout ce qui est contenu dans ce chapitre ne regarde que certaines sortes de personnes, qui n'étant pas convaincues des preuves de la Religion, et encore moins des raisons des athées, demeurent dans un état de suspension entre la foi et l'infidélité. L'auteur prétend seulement leur montrer par leurs propres principes, et par les simples lumières de la raison, qu'ils doivent juger qu'il leur est avantageux de croire, et que ce serait le parti qu'ils devraient prendre, si ce choix dépendait de leur volonté. D'où il s'ensuit qu'au moins en attendant qu'ils aient trouvé la lumière nécessaire pour se convaincre de la vérité, ils doivent faire tout ce qui les y peut disposer, et se dégager de tous les empêchements qui les détournent de cette foi, qui sont principalement les passions et les vains amusements.

On étudiera les réflexions que nous donnons ensuite en essayant d'en chercher les motivations et l'on discutera les points de vue adoptés.

◆ **Nietzsche** : Risquer au jeu, sa vie, sa santé, son honneur c'est l'effet de la témérité et d'une volonté exubérante et prodigue de ses forces; non par amour de l'humanité, mais parce que tout grand danger nous rend curieux, de nos propres forces, de notre propre courage [...] Pascal ne voulait rien risquer : il est resté chrétien; peut-être était-ce de la vertu. On sacrifie toujours quelque chose.

◆ **Jean Steinmann** *(Pascal)* : Ce pari désigne tout un faisceau d'arguments destinés à pousser un agnostique à vivre pratiquement en conformité avec la morale chrétienne. C'est tout. Et il est proprement absurde de le travestir en argument destiné à prouver l'existence de Dieu. Pascal était trop exigeant, se faisant une trop grande idée de la loyauté intellectuelle pour avoir proposé une pareille jonglerie mathématique.

◆ **Léon Brunschvicg** *(Pascal, Pensées et Opuscules, commentaires)*. Par hypothèse la vérité des deux partis est hors de cause. Ce n'est pas tout : le pessimisme est supposé en même temps que le scepticisme. La vie humaine, abandonnée à son cours naturel, est incapable de nous apporter quelque félicité. En renonçant à jouir des plaisirs qui s'offrent à lui, le libertin ne sacrifie donc rien, quel que soit le parti qu'il prenne sur la vie future; il n'aura rien à regretter quant à cette vie, car le chrétien, fût-il déçu finalement, est à la fois meilleur et plus heureux que l'incrédule. En d'autres termes, si, obligés de prendre un billet de loterie, nous avons à choisir entre deux loteries différentes, les billets étant gratuits et les chances de gain étant exactement égales, nous ne devrons rationnellement tenir compte que de la valeur du lot. L'argument de Pascal est valable du moment qu'il ne reste plus que cette considération, et c'est à écarter tout autre ordre de considération que vise toute sa dialectique.

◆ **Lucien Goldmann** *(op. cit.)* : L'idée. Mais quelque importantes que soient ces différences, l'idée que l'homme est « embarqué » qu'il doit parier constituera à partir de Pascal l'idée centrale de toute pensée philosophique consciente du fait que l'homme n'est pas une monade isolée qui se suffit à elle-même, mais un élément partiel à l'intérieur d'une totalité qui le dépasse et à laquelle il est relié par ses aspirations, par son action et par sa foi; l'idée centrale de toute pensée qui sait que l'individu ne saurait réaliser seul, par ses propres forces aucune valeur authentique et qu'il a toujours besoin d'un secours trans-individuel sur l'existence duquel il doit parier car il ne saurait vivre et agir que dans l'espoir d'une *réussite* à laquelle il doit *croire*.

JUGEMENTS SUR PASCAL ET SUR LES « PENSÉES »

XVIIᵉ SIÈCLE

Chose curieuse, Nicole ne semblait pas soupçonner l'existence et l'importance du manuscrit de Pascal. Même après 1670, il demeurera toujours réticent à l'égard des Pensées et de leur auteur, qu'il appelait « un ramasseur de coquilles ».

Celui que nous regrettons était roi dans le royaume des esprits, et, s'il y avait quelque chose d'estimable dans le monde, cette royauté le serait sans doute davantage que celle des rois de la terre. Cependant, que reste-t-il de ce grand esprit, que deux ou trois petits ouvrages dont il y en a de fort inutiles ?

Nicole,
Lettre à Arnauld (3 septembre 1662).

Cependant, certains approbateurs ecclésiastiques (Le Camus, Fortin, proviseur du collège d'Harcourt, M. de Ribeyran, archidiacre de Comminges) laissent percer, au moment de la première édition, leur admiration et leur affection pour Pascal. En voici le témoignage le plus brillant et le plus perspicace, celui d'un modeste érudit, élève des « solitaires ».

Vous savez qu'il y a bien des années que je fais profession d'honorer, ou plutôt d'admirer les dons tout extraordinaires de la nature et de la grâce qui paraissaient en feu M. Pascal. Il faut néanmoins que je vous avoue, Monsieur, que je n'en avais pas encore l'idée que je devais. Ce dernier écrit a surpassé ce que j'attendais d'un esprit que je croyais le plus grand qui eût paru en notre siècle; et si je n'ose pas dire que saint Augustin aurait eu peine à égaler ce que je vois par ces fragments que M. Pascal pouvait faire, je ne saurais dire qu'il eût pu le surpasser; au moins, je ne vois que ces deux-là que l'on puisse comparer l'un à l'autre.

Le Nain de Tillemont,
Lettre (3 février 1670).

Mais la Sorbonne, si vigoureusement étrillée par l'auteur des Provinciales, réagit avec une incontestable mauvaise foi.

M. Pascal ne savait de l'Ecriture que ce que les autres lui apprenaient. On a trop loué les *Pensées*. A peine savait-il le latin. Il n'était pas savant. C'était un bel esprit.

Ménessier, docteur en Sorbonne.

Admirées par Mme de La Fayette, les Pensées sont appréciées également de Mme de Sévigné, qui fait toutefois beaucoup plus souvent allusion aux Provinciales qu'à l'Apologie.

Je mets Pascal de moitié à tout ce qui est beau [...]. Ce que vous dites sur les inquiétudes que nous avons si souvent et si naturellement sur l'avenir, et comme insensiblement notre inclination se change et s'accommode à la nécessité, est la juste matière d'un livre comme celui de Pascal. Rien n'est si solide, rien n'est si utile que ces sortes de méditations.

Mme de Sévigné,
Lettre (9 août 1671).

Formule à l'emporte-pièce de Bayle, qui annonce la position critique des « philosophes ».

Pascal est un paradoxe de l'espèce humaine.

Pierre Bayle,
Dictionnaire historique et critique (1696),
article « Pascal ».

XVIIIe SIÈCLE

Sa vie durant, Voltaire a mené la lutte contre Pascal. Toute la XXVe Lettre philosophique, rédigée vraisemblablement dès mars 1729, lui est consacrée sous le titre : Remarques sur les « Pensées » de M. Pascal. Toute sa critique se résume assez bien dans la phrase suivante :

J'ose prendre le parti de l'humanité contre ce misanthrope sublime; j'ose assurer que nous ne sommes ni si méchants ni si malheureux qu'il le prétend.

Voltaire,
Lettres philosophiques (1738).

Le tort de Pascal a été de se demander si la religion connaît en ses plus intimes replis la nature humaine, au lieu de chercher si elle était réellement révélée et de le démontrer.

Voltaire,
Lettre au P. Tournemire (1735).

Propos opportuniste, mettant en valeur l'opposition de Pascal à la doctrine des « Pères de Jésus ».

Bien inférieures aux Provinciales, les Pensées vivront peut-être plus longtemps, parce qu'il y a tout lieu de croire, quoi qu'en dise l'humble société, que le christianisme durera plus longtemps qu'elle.

D'Alembert,
Destruction des Jésuites (1767).

Encore un jugement prudent, et assez réticent.

Pascal [...], génie universel et sublime, dont les talents ne pour-raient être trop regrettés par la philosophie, si la religion n'en avait pas profité.

D'Alembert,
Discours préliminaire de l'*Encyclopédie* (1751).

Vauvenargues est à peu près le seul, au temps de la Pompadour, à comprendre Pascal et à sentir sa grandeur.

Qui conçoit sans étonnement sa profondeur incroyable, son raisonnement invincible? [...] Il confond et trouble l'esprit. Il presse, illumine; il fait sentir despotiquement l'ascendant de la vérité [...]. Comme Bossuet, il a de ces traits qui caractérisent non une époque, mais le genre humain.

Vauvenargues,
Imitation de Pascal. *Réflexions et maximes* (1746).

XIXᵉ SIÈCLE

Pascal semble admirablement accordé à la renaissance religieuse et poétique du romantisme. Le XIXᵉ siècle sera jalonné, de Joubert à La Mennais, de noms de pascaliens éminents. Chateaubriand, bien qu'aux antipodes de l'auteur des Pensées par sa personne, son orgueil, ses mœurs, lui rend, dans le Génie, où fourmillent les références et les allusions à Pascal, l'hommage qu'il mérite.

Il y avait un homme qui, à douze ans, avec des barres et des ronds, avait créé les mathématiques; qui, à seize, avait fait le plus savant traité des coniques qu'on eût vu depuis l'Antiquité; qui, à dix-neuf, réduisit en machine une science qui existe tout entière dans l'entendement; qui, à vingt-trois, démontra les phénomènes de la pesanteur de l'air et détruisit une des grandes erreurs de l'ancienne physique; qui, à cet âge où les autres hommes commencent à peine de naître, ayant achevé de parcourir le cercle des sciences humaines, s'aperçut de leur néant et tourna ses pensées vers la religion; qui, depuis ce moment jusqu'à sa mort, arrivée dans sa trente-neuvième année, toujours infirme et souffrant, fixa la langue que parlèrent Bossuet et Racine, donna le modèle de la plus parfaite plaisanterie, comme du raisonnement le plus fort; enfin qui, dans les courts intervalles de ses maux, résolut, par distraction, un des plus hauts problèmes de la géométrie, et jeta sur le papier des pensées qui tiennent autant du Dieu que de l'homme. Cet effrayant génie se nommait Blaise Pascal.

Chateaubriand,
Génie du christianisme, III, II, 6 (1802).

Sainte-Beuve, reprochant à Chateaubriand de ne commencer guère que là où le livre de Pascal n'est pas allé, aux dehors, aux pompes, à l'influence poétique et à l'action sociale de l'Église catholique, essaie de pénétrer à son tour les arcanes de cet esprit et d'en dégager les facultés maîtresses.

Esprit logique, géométrique, scrutateur des causes, fin, net, éloquent, il me représente la perfection de l'entendement humain en ce que cet entendement a de plus défini, de plus distinct de soi, de plus détaché par rapport à l'univers. Il se replie et il habite au sommet de la pensée proprement dite *(arx mentis)*, dans une sphère de clarté parfaite. Clarté d'une part et ténèbres partout au-delà, effroyables espaces, il n'y a pas de milieu pour lui. Il ne se laisse pas flotter aux limites, là où les clartés se mêlent aux ombres nécessaires, là où ces ombres recèlent pourtant et quelquefois livrent à demi des vérités autres que les vérités toutes claires et démontrables [...]. Pascal prend le monde depuis le sixième jour, il prend l'Univers réfléchi dans l'entendement humain; il se demande s'il y a là, par rapport aux fins de l'homme, des lumières et des résultats. Avant tout, le bien et le mal l'occupent; sur l'heure et sans marchander, il a besoin de clarté et de certitude, d'une satisfaction nette et pleine; en d'autres termes, il a besoin du souverain bien, il a soif du bonheur. Pascal possède au plus haut degré d'intensité le sentiment de la *personne humaine*.

[...] Simple atome pensant en présence de l'Univers au sein, comme il dit, de ces espaces infinis qui l'enferment et dont « le silence éternel l'effraye », sa volonté se roidit, et défend à cet esprit puissant (plus puissante elle-même) d'aller au hasard et de flotter ou de sonder avec une curiosité périlleuse à tous les confins. Car sa volonté ou, pour la mieux nommer, sa personnalité humaine n'aime pas à se sentir moindre que les choses; elle se méfie de cet Univers qui l'opprime, de ces infinités qui, de toutes parts, l'engloutissent, et qui vont éteindre en elle par la sensation continue, si elle n'y prend garde, son être moral et son tout. Elle a peur d'être subornée, elle a peur de s'écouler. C'est donc en elle seule et dans l'idée sans cesse agitée de sa grandeur et de sa faiblesse, de ses contradictions incompréhensibles et de son chaos, que cette pensée se ramasse, qu'elle fouille et qu'elle remue, jusqu'à ce qu'elle trouve enfin l'unique clef, la foi, cette foi qu'il définissait (on ne saurait assez répéter ce mot aimable) *Dieu sensible au cœur*, ou encore *le cœur incliné par Dieu*. Telle est la foi de Pascal dans sa règle vivante.

Sainte-Beuve,
Histoire de Port-Royal, III, 9 (1842).

Reprenant à pied d'œuvre le travail de Voltaire et de Condorcet pour le mettre au goût du jour, E. Havet respecte, après Sainte-Beuve, le génie et la personne de Pascal, dont cependant il accuse le « fanatisme ».

Le géomètre, le cœur passionné, le malade se retrouvent dans les *Pensées*. C'est une œuvre d'extrême logique et d'extrême sensibilité, où l'émotion la plus vive est au cœur même de la critique la plus rigoureuse et la plus sèche, et, de temps en temps, un cri douloureux ou une brusque secousse nous avertit que cette intelligence supérieure, qui semblait oublier son corps, a senti les pointes de la souffrance et la menace de la mort.

Ernest Havet,
Introduction aux *Pensées* (1851).

XXᵉ SIÈCLE

Quel est le vrai visage de Pascal?

Un artiste fort peu philosophe?

Il faut considérer les *Pensées* comme une œuvre d'art, comme une œuvre littéraire, au même titre que *Bérénice* ou *le Misanthrope*, comme un magnifique exercice de style, comme la création d'un grand artiste très sûr de ses effets, maître en l'art de persuader, opérant sur très peu de contenu, très peu de réalité et de vérité. Non comme une œuvre de philosophie!

Henri Lefebvre,
Pascal, tome premier (1950).

Un poète épique?

En empruntant les pensées d'autrui, il les pare de traits plus énergiques, plus vivants. S'il suggère des pensées nouvelles, déchire des voiles, ouvre des horizons, c'est pour nous entraîner en des pays de rêve. Il remue, secoue, bouleverse les cœurs sensibles à l'agrément des visions et à la peur des fantômes. Il est le roi du mystère.

Zacharie Tourneur,
Une vie avec Blaise Pascal (1943).

Un autre « Hamlet »?

On a tant écrit sur lui, on l'a tant imaginé et si passionnément considéré qu'il est devenu un personnage de tragédie, un acteur singulier et presque un « emploi » de la comédie de la connaissance. Certains jouent les Pascal. L'usage a fait de lui une manière d'Hamlet français et janséniste, qui soupèse son propre crâne, crâne de grand géomètre; et qui frissonne et songe, sur une terrasse opposée à l'univers. Il est saisi par le vent très âpre de l'infini, il se parle sur la marge du néant, où il paraît exactement comme sur le bord d'un théâtre, et il raisonne devant le monde avec le spectre de soi-même.

Paul Valéry,
Variété (1924).

Pascal et le stoïcisme.

Comme tous les vraiment grands chrétiens, Pascal se gardait de mépriser l'antique. Il savait trop qu'il y avait eu Rome et la Grèce. Et la philosophie et la sagesse antique. Et une pensée laïque et une pensée profane. Et même une science antique. Et une figuration temporelle. Il savait trop qu'il y avait eu la cité antique. Et, allant, comme il faisait toujours, au cœur même du débat, et allant tout de suite, comme géomètre, aux « maxima », il avait bien vu que le stoïcisme donnait, était chargé de donner le maximum de la grandeur antique subspecié, au point de vue de la grandeur chrétienne, le maximum de la nature au point de vue de recevoir la grâce, le maximum du héros (et du martyr) au point de vue du saint et du martyr, le maximum de l'homme sans Dieu au point de vue de Dieu, le maximum du monde sans Dieu au point de vue de Dieu.

Charles Péguy.

Pascal et Kant.

Loin de s'opposer, comme on l'a dit souvent, le Pascal savant des expériences à la tour Saint-Jacques et au puy de Dôme et le Pascal croyant et mystique du *Mémorial* et du *Mystère de Jésus* sont bien un seul et même penseur, avec le même trait caractéristique : l'esprit de soumission aux faits. Pour lui, comme pour Kant, l'esprit humain n'a aucun moyen de sortir de l'expérience, et plus particulièrement des cadres spatiaux qu'impose à notre expérience l'union de l'âme et du corps. Mais si, par là, comme par ce qui en est la conséquence, le refus des preuves traditionnelles de l'existence de Dieu et l'attribution à la *croyance* de ce que d'autres croient possible d'appeler un *savoir*, Pascal est une sorte de précurseur de Kant, d'un autre côté, il est aux antipodes de Kant, par sa manière de concevoir l'expérience elle-même et ce qui peut s'y inscrire; différence qui a pour conséquence deux conceptions opposées de la croyance. Le kantisme, soucieux avant tout de justifier le type de science que représente la physique de Newton, enferme l'expérience en elle-même, et apparaît avant tout, il est à peine besoin de le rappeler, comme une philosophie de la nécessité. A cette conception des choses, comme d'ailleurs à celle de Spinoza, s'oppose chez Pascal savant le sens de la contingence, auquel correspond, chez le croyant, le sens de la gratuité. Tandis que pour Spinoza, Dieu et la nécessité de l'univers ne faisant qu'un, le miracle serait la négation même de Dieu, aux yeux de Pascal, le miracle, parce que les lois de la nature sont constantes dans le cours ordinaire des choses sans doute, mais non pas nécessaires, est la marque de Dieu inscrite dans l'expérience terrestre. Marque certaine comme tous les faits observables, et par conséquent fondement d'une foi qui est, elle aussi, une certitude. Mais il faut, pour atteindre cette certitude, prendre l'expérience dans sa totalité, accepter de voir tout ce qui est « visible », y compris l'expérience psychologique de l'individu qui sait s'observer lui-même, et la grande expérience humaine de l'histoire.

Jeanne Russier,
la Foi selon Pascal, tome II (1949).

Pascal et Port-Royal.

Dans la première partie de l'*Apologie,* Pascal ne fait que présenter la doctrine port-royaliste de l'homme avec cette différence qu'au lieu de déduire du dogme de la chute la misère de l'homme, il constate la misère de l'homme et de là conduit au dogme de la chute [...]. Pascal pousse la doctrine de Port-Royal à ses dernières conséquences : par sa conception des figures, par sa conception de l'histoire comme par sa négation de la valeur des preuves rationnelles de l'existence de Dieu, il se révèle plus audacieux que tous ses amis [...]. La rigueur géométrique appliquée aux principes augustiniens, telle est la formule qui pourrait définir l'originalité de Pascal au sein de Port-Royal.

Jean Mesnard,
Pascal (1951).

Pascal et Teilhard de Chardin.

Pascal et Teilhard font face à la même question, qui est celle du salut de l'homme et de l'humanité, posée dans les deux cas avec la même intrépidité, mettant en question tous les conditionnements sociologiques et toutes les poussées psychologiques. L'un et l'autre n'arrive à la conclusion qui lui est propre qu'après avoir traversé des moments sceptiques là, ou panthéistes ici, étapes provisoires qui paraissent par instants se confondre avec l'élan originel de la pensée comme la tangente en un point coïncide avec la courbe dont elle nie ensuite la courbure par la décision de son trait. Tous deux prennent ainsi les risques sans lesquels une pensée est privée d'authenticité. L'un et l'autre s'interrogent fondamentalement sur le sens de l'existence humaine, et la question implique par elle-même les deux possibilités ou d'une réponse négative, particulièrement sensible à Pascal, ou d'une signification intégralement immanente, solution qu'accueille d'abord à plein Teilhard de Chardin. Même si toutes ces solutions, absurdes, sens immanent et sens à la fois immanent et transcendant, restaient en suspens, Pascal et Teilhard auraient au moins posé un problème que nul ne peut éluder et qui est le problème même de la métaphysique, lequel est beaucoup plus celui du sens de l'être que celui de l'être.

Etienne Borne,
conférence prononcée le 29 juin 1962
(« Textes du tricentenaire »).

La vocation de Pascal.

La vocation qui double le génie scientifique de Pascal est celle qui fait les directeurs de conscience. Vocation au sens à la fois théologique et psychologique, puisque ici l'appel divin coïncide avec la réponse humaine. En elle, en effet, s'unissent le zèle de la maison de Dieu et une sorte de volonté de puissance spirituelle ; la charité du directeur est impérieuse comme son caractère ; elle spiritualise l'esprit de conquête. Et c'est elle enfin qui inspire le dessein du grand coup de filet dans la pêche aux âmes que sera l'*Apologie de la religion chrétienne*.

Un directeur de conscience doit être bon connaisseur de l'âme humaine. Une anthropologie est impliquée dans toute apologétique. Celle de Pascal est fondée sur un dualisme. Or ce dualisme ne correspond pas à ceux que l'on trouve chez les philosophes : corps et âme, matière et esprit, étendue et pensée, objet et sujet. Il exprime ces « contrariétés » que l'expérience quotidienne découvre dans le désir ou dans l'imagination, dans la poursuite de la vérité comme dans celle du bonheur, dans le travail et dans le divertissement, dans les lois et dans les coutumes. « ... Qu'il comprenne qu'il est un monstre incompréhensible », ceci pour que l'homme comprenne aussi que la foi peut seule rendre raison de cette incompréhensible monstruosité.

Henri Gouhier,
Pascal et la philosophie (discours du 13 juin 1962)
[« Textes du tricentenaire »].

Pascal, dialectique et existence.

Une pensée est dialectique lorsqu'elle sait que la recherche de la vérité se fait par un cheminement laborieux et dramatique qui traverse la contradiction, souffre la passion du négatif, si bien que l'affirmation proprement philosophique est négation de la négation. Lorsqu'il met en question la sécurité des affirmations premières, lorsqu'il pense et vit une vérité qui se dédouble et s'oppose à elle-même, lorsqu'il fonde la croyance en Dieu dans une négation de cette négation qu'est l'athéisme, Pascal donne un exemple en son fond indépassable de pensée dialectique.

Une philosophie de l'existence tient que si les choses sont, l'homme seul existe vraiment, se détachant dans un libre surgissement d'une nature qui le porte sans qu'il le supporte, qui le fait vivre, le nourrit, le tue sans que son indifférence aveugle puisse rendre compte de cette passion et de cette conscience qui sont l'homme même. Pascal décrivait de semblable manière la singularité, la contingence, la contradiction fondamentale de la condition humaine ; chez lui se retrouverait, dans un autre langage, la substance des paraboles heideggeriennes qui font l'homme tour à tour « sentinelle du néant » et « berger de l'Etre ». Bref, la philosophie de Pascal est une philosophie de l'existence.

Aujourd'hui, « dialectique » et « existence » font deux univers philosophiques antagonistes qui n'arrivent pas à s'intégrer l'un à l'autre et dont la guerre, déclarée ou larvée, semble annoncer la mort de la philosophie. Or Pascal, dont la dialectique est existentielle, pour qui l'existence humaine est dialectique, n'est pas sans avoir accordé dans un équilibre dynamique, dramatique, significatif des thèmes essentiels à une pensée vivante, mais qui, séparés l'un de l'autre, risquent le premier de durcir et le second de pourrir. Si bien qu'un élargissement des intuitions pascaliennes qui tiendrait compte de l'existence collective et des dialectiques historiques pourrait apporter à la philosophie d'aujourd'hui une bonne intelligence d'elle-même, et surtout un espoir de libération par dénouement des antinomies dans lesquelles elle est en passe de s'enliser.

Etienne Borne,
Hommage à Pascal, 30 juin 1962.

SUJETS DE DEVOIRS ET D'EXPOSÉS

ESSAIS

● A la manière de La Bruyère, faites le portrait du « libertin » selon Pascal.

● Imaginez une « table ronde » réunissant Montaigne, Pascal et Voltaire, et où le débat aurait pour sujet « la condition de l'homme au XXᵉ siècle ».

DISSERTATIONS

● Pouvez-vous trouver une unité profonde dans l'œuvre de Pascal? Dégagez les grands principes communs à son activité scientifique, à son œuvre polémique (les *Provinciales*) et à son *Apologie*.

● Dans quelle mesure la vie et le caractère de Pascal se reflètent-ils dans les *Pensées*?

● Essayez, en vous appuyant sur des exemples précis, de définir la « dialectique » de Pascal.

● « Ce n'est pas dans Montaigne, mais dans moi que je trouve tout ce que j'y vois. » Expliquez et commentez cette pensée.

● Comparez, à propos de Montaigne, le mot de Pascal : « Le sot projet qu'il a de se peindre! » et la réplique de Voltaire : « Le charmant projet qu'il a eu de se peindre. »

● Quel est le sens de cette remarque des *Pensées* : « L'homme passe infiniment l'homme »? Commentez et, au besoin, discutez.

● Expliquez et commentez ces notes de Joubert : « Pascal. Altitude de cet esprit. On la voit derrière sa pensée. Sa fermeté. Exemption de toute passion. C'est là surtout ce qui le rend très imposant. »

● Développez ce mot de Marcel Arland : « Une âme faible et une âme forte peuvent trouver un égal plaisir à Pascal. Toutefois rarement, me semble-t-il, une âme basse. »

● Commentez ces remarques de Jean Steinmann à propos de Pascal : « Il professe la foi chrétienne dans sa nudité. Il l'a détachée de tous les liens sociaux de métaphysiques auxquels elle semblait définitivement liée sous l'Ancien Régime. Pas de métaphysique chez Pascal comme chez saint Thomas ou Descartes; point de cosmologie enfantine, pas de trône soutenant l'autel comme chez Bossuet.

Dans un siècle d'absolutisme royal qui liait la foi à l'ordre social, comme elle l'avait été jadis à l'Empire romain, à la physique d'Aristote, Pascal porte sur la politique ou la métaphysique des jugements d'une lucidité cruelle. En face du Christ, représenté par une Eglise dont il ne voile aucune faiblesse, ses phrases tranchantes campent un homme dépouillé de tous les masques, grelottant à cause du froid d'un univers vide et auquel le choix n'est permis qu'entre deux extrémités : le crucifix ou le néant. »

● Mme S. Fraisse conclut en ces termes un article sur « Pascal et l'humanisme au XXe siècle » : « Notre siècle est celui de la médecine, sous quelque forme qu'elle s'exerce. Là où Pascal dénonçait des coupables, il voit surtout des malheureux, il cherche à les guérir. Son porte-parole est le docteur Rieux, dans *la Peste*, qui se propose de sauver les hommes *hic et nunc*, qui les aime tels qu'ils sont et refuse de s'en prendre à la nature humaine du mal incompréhensible qui est dans l'univers. » Examinez et appréciez ce point de vue.

● L'angoisse et la joie dans les *Pensées*.

● Pascal est-il un humaniste ?

Tables de concordance entre les différentes éditions des *Pensées*.

[Pour faciliter le repérage, les 5e, 15e, 25e, ..., lignes sont en italique, les 10e, 20e, 30e, ..., sont en gras.]

1. Point de référence : édition Lafuma et Nouveaux Classiques Larousse.

Lafuma	Nouveaux Classiques Larousse	Brunschvicg	Chevalier (= Pléiade)	Manuscrit
1	p. 45	12	208 (*b*)	C 396
2	p. 45	227	353	29
3	p. 45	227 et 244	362	29
4	p. 45	184	365	29
5	*p. 45*	*247*	*442*	*25*
6	p. 45	60	73	25
7	p. 46	248	471	25
12	p. 46	187	1	27
13	p. 47	133	115	83
21	**p. 47**	**381**	**85**	**141**
23	p. 47	67	196	81
24	p. 47	127	199	79
25	p. 48	308	293	167
26	p. 48	330	297	79
27	*p. 48*	*354*	*318*	*83*
37	p. 48	158	154	21
38	p. 48	71	84 (*h*)	23
39	p. 49	141	177	23
44	p. 49	82	104 et 92	361
45	**p. 53**	**83**	**92**	**370**
52	p. 53	388	381	23
54	p. 59	112	171	67
55	p. 59	111	172	65
56	p. 59	181	164	67
59	*p. 59*	*290*	*234*	*67*
60	p. 60	294	230	69
61	p. 64	309	237	73
64	p. 64	295	231	73
65	p. 64	115	29	73
66	**p. 64**	**326**	**288**	**70**
72	p. 65	66	81	75
75	p. 65	389	367	73
77	p. 65	152	146	75
78	p. 66	126	160	81
79	*p. 66*	*128*	*201*	*169*
81	p. 69	299	238	165
83	p. 69	327	308	151
89	p. 70	315	299	231
90	p. 70	337	312	281
91	**p. 70**	**336**	**311**	**231**
93	p. 71	328	309	231
98	p. 71	80	101	232
99	p. 71	536	102	232
106	p. 73	403	283	419
110	*p. 73*	*282*	*479*	*191*
112	p. 74	344	272	Copie 39
113	p. 74	348	265	165
114	p. 74	397	255	165
116	p. 75	398	367	73
118	**p. 75**	**402**	**284**	**405**
119	p. 75	423	331	Copie 45
121	p. 76	418	328	235

Lafuma	Nouveaux Classiques Larousse	Brunschvicg	Chevalier (= Pléiade)	Manuscrit
122	p. 76	416	314	161
126	p. 76	93	120	195
128	*p. 77*	*396*	*271*	*273*
130	p. 77	420	330	442
131	p. 77	434	438	257
135	p. 83	469	443	125
136	p. 83	139	205	139
139	**p. 88**	**143**	**207**	**217**
141	p. 89	509	377	416
143	p. 89	464	390	251
144	p. 90	360	376	374
145	p. 90	461	373	275
146	*p. 90*	*350*	*374*	*255*
148	p. 91	425	370	377
149 A. P. R.	p. 93	430	483	317
150	p. 95	226	361	25
151	p. 96	211	351	63
152	**p. 96**	**213**	**349**	**63**
157	p. 96	225	360	61
160	p. 96	257	364	61
162	p. 96	189	11	25
165	p. 97	210	227	63
166	*p. 97*	*183*	*226*	*27*
167	p. 103	269	463	247
170	p. 103	268	461	161
170	p. 104	185	9	409
179	p. 104	256	781	244
185	**p. 104**	**265**	**459**	**409**
188	p. 104	267	466	247
189	p. 105	547	730	151
192	p. 106	527	75	416
194	p. 106	208	89	49
198	*p. 107*	*693*	*393*	*1*
199	p. 108	72	84	347
200	p. 117	347	264	63
201	p. 118	206	91	Copie 101
205	p. 119	489	431	457
208	**p. 120**	**435**	**439**	**373**
209	p. 121	599	402	457
219	p. 121	251	834	451
220	p. 122	468	700	465
221	p. 122	774	642	227
222	*p. 122*	*747*	*516*	*227*
226	p. 123	523	675	45
228	p. 123	751	591	47
230	p. 123	430 *bis*	483	322
232	p. 124	566	573	45
239	**p. 124**	**510**	**484**	**27**
242	p. 124	585	598	55
252	p. 124	648	550	31
260	p. 126	678	566	15
278	p. 127	446	421 (*a*)	267
279	*p. 128*	*690*	*493*	*247*
281	p. 128	613	776	218
282	p. 129	616	774	237
291	p. 130	587	827	491
292	p. 130	624	489	491
298	**p. 131**	**283**	**72**	**59**
300	p. 131	786	631	55
301	p. 132	772	650	59
303	p. 132	799	743	61

Lafuma	Nouveaux Classiques Larousse	Brunschvicg	Chevalier (= Pléiade)	Manuscrit
308	p. 132	793	829	53
327	*p. 135*	*770*	*611*	*232*
332	p. 135	710	528	167
335	p. 135	706	526	167
338	p. 136	724	535	199
349	p. 137	652	562 (c)	15
350	**p. 137**	**623**	**529 (a)**	**19**
351	p. 137	537	684	412
354	p. 137	534	681	142
356	p. 137	539	686	146
357	p. 138	541	688	411
360	*p. 138*	*482*	*709*	*149*
364	p. 139	249	467	265
365	p. 139	496	717	412
367	p. 139	672	585	197
373	p. 139	476	707	199
377	**p. 140**	**280**	**476**	**489**
378	p. 140	470	699	483
379	p. 140	825	762	485
380	p. 140	284	835	485
381	p. 141	286	837	481
398	*p. 90*	*525*	*392*	*481*
407	p. 91	465	141	481
416	p. 119	546	314	485
418	p. 97	233	451	3
423	p. 141	277	477	8
424	**p. 141**	**278**	**481**	**8**
427	p. 38	194	335	Copie 209
491	p. 119	439	422	277
512	p. 32	1	21	405
513	p. 33	4	24	169
515	*p. 36*	*48*	*61*	*109*
529	p. 35	105	161	134
552	p. 54	107	163	127
559	p. 36	27	199	127
605	p. 37	36	41	11
622	p. 66	131	201	47
627	p. 54	150	153	49
641	p. 66	129	198	440
647	p. 37	35	40	440
652	*p. 34*	*14*	*44*	*470*
667	*p. 37*	25	47	402
675	p. 36	29	36	427
696	p. 36	22	65	431
701	p. 35	9	93	401
745	p. 34	18 bis	44 (a)	444
808	**p. 142**	**245**	**482**	**17**
821	p. 142	252	470	195
919	p. 144	553	736	87
978	p. 55	100	130	Ms de Sainte-Beuve

2. Point de référence : édition Brunschvicg.

Brunschvicg	Nouveaux Classiques Larousse	Lafuma	Chevalier (= Pléiade)
1	p. 32	512	21
4	p. 33	513	24

Brunschvicg	Nouveaux Classiques Larousse	Lafuma	Chevalier (= Pléiade)
9	p. 35	701	93
12	p. 45	1	208 (b)
14	*p. 34*	*652*	*44*
18 *bis*	p. 34	745	44 (a)
22	p. 36	696	65
25	p. 37	667	47
27	p. 36	559	199
29	**p. 36**	**675**	**36**
35	p. 37	647	40
36	p. 37	605	41
48	p. 36	515	61
60	p. 45	6	73
66	*p. 65*	*72*	*81*
67	p. 47	23	196
71	p. 48	38	84 (b)
72	p. 108	199	84
80	p. 71	98	101
82	**p. 49**	**44**	**104 et 92**
83	p. 53	45	92
93	p. 76	126	120
100	p. 55	978	130
105	p. 35	529	161
107	*p. 54*	*552*	*163*
111	p. 59	55	172
112	p. 59	54	171
115	p. 64	65	29
126	p. 66	78	160
127	**p. 47**	**24**	**199**
128	p. 66	79	200
129	p. 66	641	198
131	p. 66	622	201
133	p. 47	13	115
139	*p. 83*	*136*	*205*
141	p. 49	39	177
143	p. 88	139	207
150	p. 54	627	153
152	p. 65	77	146
158	**p. 48**	**37**	**154**
181	p. 59	56	164
183	p. 97	166	226
184	p. 45	4	365
185	p. 104	172	9
187	*p. 46*	*12*	*1*
189	p. 96	162	11
194	p. 38	427	335
206	p. 118	201	91
208	p. 106	194	89
210	**p. 97**	**165**	**227**
211	p. 96	151	351
213	p. 96	152	349
225	p. 96	157	360
226	p. 95	150	361
227	*p. 45*	*2*	*353*
227	p. 45	3	362
233	p. 97	418	451
244	p. 45	3	362
245	p. 142	808	482
247	**p. 45**	**5**	**442**
248	p. 46	7	471
249	p. 139	364	467
251	p. 121	219	834

Brunschvicg	Nouveaux Classiques Larousse	Lafuma	Chevalier (= Pléiade)
252	p. 142	821	470
256	*p. 104*	*179*	*781*
257	p. 96	160	364
265	p. 104	185	459
267	p. 104	188	466
268	p. 103	170	461
269	**p. 103**	**167**	**463**
277	p. 141	423	477
278	p. 141	424	481
280	p. 140	377	476
282	p. 73	110	479
283	*p. 141*	*298*	*72*
284	p. 140	380	835
286	p. 141	381	837
294	p. 60	60	230
295	p. 64	64	231
296	**p. 59**	**59**	**234**
299	p. 69	81	238
308	p. 48	25	293
309	p. 64	61	237
315	p. 70	89	299
326	*p. 64*	*66*	*288*
327	p. 69	83	308
328	p. 71	93	309
330	p. 48	26	297
336	p. 70	91	311
337	**p. 70**	**90**	**312**
344	p. 74	112	272
347	p. 117	200	264
348	p. 74	113	265
350	p. 90	146	374
354	*p. 48*	*27*	*318*
360	p. 90	144	376
381	p. 47	21	85
388	p. 53	52	381
389	p. 65	75	367
396	**p. 77**	**128**	**271**
397	p. 74	114	255
398	p. 75	116	367
402	p. 75	118	284
403	p. 73	106	283
416	*p. 76*	*122*	*314*
418	p. 76	121	328
420	p. 77	130	330
423	p. 75	119	331
425	p. 91	148	370
430	**p. 93**	**149 APR**	**483**
430 *bis*	p. 123	230	483
434	p. 77	131	438
435	p. 120	208	439
439	p. 119	491	422
446	*p. 127*	*278*	*421 (a)*
461	p. 90	145	373
464	p. 89	143	390
465	p. 91	407	141
468	p. 122	220	700
469	**p. 83**	**135**	**443**
470	p. 140	378	699
476	p. 139	373	707
482	p. 138	360	709
489	p. 119	205	431

Brunschvicg	Nouveaux Classiques Larousse	Lafuma	Chevalier (= Pléiade)
496	*p. 139*	*365*	*717*
509	p. 89	141	377
510	p. 124	239	484
523	p. 123	226	675
525	p. 90	398	392
527	**p. 106**	**192**	**75**
534	p. 137	354	681
536	p. 71	99	102
537	p. 137	351	684
539	p. 137	356	686
541	*p. 138*	*357*	*688*
546	p. 119	416	314
547	p. 105	189	730
553	p. 144	919	736
566	p. 124	232	573
585	**p. 124**	**242**	**598**
587	p. 130	291	827
599	p. 121	209	402
613	p. 128	281	776
616	p. 129	282	774
623	*p. 137*	*350*	*529 (a)*
624	p. 130	292	489
648	p. 124	252	550
652	p. 137	349	562 (c)
672	p. 139	367	585
678	**p. 126**	**260**	**566**
690	p. 128	279	493
693	p. 107	198	393
706	p. 135	335	526
710	p. 135	332	528
724	*p. 136*	*338*	*535*
747	p. 122	222	516
751	p. 123	228	591
770	p. 135	327	611
772	p. 132	301	650
774	**p. 122**	**221**	**642**
786	p. 131	300	631
793	p. 132	308	829
799	p. 132	303	743
825	p. 140	379	762

3. Point de référence : édition Chevalier (Bibliothèque de la Pléiade).

Chevalier (= Pléiade)	Nouveaux Classiques Larousse	Lafuma	Brunschvicg
1	p. 46	12	187
9	p. 104	172	185
11	p. 96	162	189
21	p. 32	512	1
24	*p. 33*	*513*	*4*
29	p. 64	65	115
36	p. 36	675	29
40	p. 37	647	35
41	p. 37	605	36
44	**p. 34**	**652**	**14**
44 (a)	p. 34	745	18 *bis*
47	p. 37	667	25
61	p. 36	515	48

Chevalier (= Pléiade)	Nouveaux Classiques Larousse	Lafuma	Brunschvicg
65	p. 36	696	22
72	p. 131	298	283
73	p. 45	6	60
75	p. 106	192	527
81	p. 65	72	66
84	p. 108	199	72
84 (b)	p. 48	38	71
85	p. 47	21	381
89	p. 106	194	208
91	p. 48	201	206
92	p. 49	44	82
	p. 53	45	83
93	p. 35	701	9
101	p. 71	98	80
102	p. 71	99	536
104	p. 49	44	82
115	p. 47	13	133
120	p. 76	126	93
130	p. 55	978	100
141	p. 91	407	465
146	p. 65	77	152
153	p. 54	627	150
154	p. 48	37	158
160	p. 66	78	126
161	p. 35	529	105
163	p. 54	552	107
164	p. 59	56	101
171	p. 59	54	112
172	p. 59	55	111
177	p. 49	39	141
196	p. 47	23	67
198	p. 66	641	129
199	p. 47	24	127
	p. 36	559	27
200	p. 66	79	66
201	p. 66	622	131
205	p. 83	136	139
207	p. 88	139	143
208 (b)	p. 45	1	12
226	p. 97	166	183
227	p. 97	165	210
230	p. 60	60	294
231	p. 64	64	295
234	p. 59	59	296
237	p. 64	61	309
238	p. 69	81	299
255	p. 74	114	397
264	p. 117	200	347
265	p. 74	113	348
271	p. 77	128	396
272	p. 74	112	344
283	p. 73	106	403
284	p. 75	118	402
288	p. 64	66	326
293	p. 48	25	308
297	p. 48	26	330
299	p. 70	89	315
308	p. 69	83	327
309	p. 71	93	328
311	p. 70	91	336
312	p. 70	90	337

Chevalier (= Pléiade)	Nouveaux Classiques Larousse	Lafuma	Brunschvicg
314	*p. 76*	*122*	*416*
	p. 119	416	546
318	p. 48	27	354
328	p. 76	121	418
330	p. 77	130	420
331	**p. 75**	**119**	**423**
335	p. 38	427	194
349	p. 96	152	213
351	p. 96	151	211
353	p. 45	2	227
360	*p. 96*	*157*	*225*
361	p. 95	150	226
362	p. 45	3	227 et 244
364	p. 96	160	257
365	p. 45	4	184
367	**p. 65**	**75**	**389**
	p. 75	116	398
370	p. 91	148	425
373	p. 90	145	461
374	p. 90	146	350
376	*p. 90*	*144*	*360*
377	p. 89	141	509
381	p. 53	52	388
390	p. 89	143	464
392	p. 90	398	525
393	**p. 107**	**198**	**693**
402	p. 121	209	599
421 (*a*)	p. 127	278	446
422	p. 119	491	439
431	p. 119	205	489
438	*p. 77*	*131*	*434*
439	p. 120	208	435
442	p. 45	5	247
443	p. 83	135	469
451	p. 97	418	233
459	**p. 104**	**185**	**265**
461	p. 103	170	268
463	p. 103	167	269
466	p. 104	188	267
467	p. 139	364	249
470	*p. 142*	*821*	*252*
471	p. 46	7	248
476	p. 140	377	280
477	p. 141	423	277
470	p. 73	110	282
481	**p. 141**	**424**	**278**
482	p. 142	808	245
483	p. 93	149 A. P. R.	430
	p. 123	230	430 *bis*
484	p. 124	239	510
489	*p. 130*	*292*	*624*
493	p. 128	279	690
516	p. 122	222	516
526	p. 135	335	706
528	p. 135	332	710
529 (*a*)	**p. 137**	**350**	**623**
535	p. 136	338	724
550	p. 124	252	648
562 (*c*)	p. 137	349	652
566	p. 126	260	678
573	*p. 124*	*232*	*566*

TABLE DES MATIÈRES

Imprimerie Hérissey - 27000 Évreux
Dépôt légal : novembre 1965 - N° 75296 - N° de série Éditeur : 19155
Imprimé en France *(Printed in France)* 870 128 M - Décembre 1996

Chevalier (= Pléiade)	Nouveaux Classiques Larousse	Lafuma	Brunschvicg
585	p. 139	367	672
591	p. 123	228	751
598	p. 124	242	585
611	p. 135	327	770
631	**p. 131**	**300**	**786**
642	p. 122	221	774
650	p. 132	301	772
675	p. 123	226	523
681	p. 137	354	681
684	*p. 137*	*351*	*537*
686	p. 137	356	539
688	p. 138	257	688
699	p. 140	378	470
700	p. 122	220	468
707	**p. 139**	**373**	**476**
709	p. 138	360	482
717	p. 139	365	496
730	p. 105	189	547
736	p. 144	919	553
743	*p. 132*	*303*	*799*
762	p. 140	379	825
774	p. 129	282	616
776	p. 128	281	613
781	p. 104	179	256
827	**p. 130**	**291**	**587**
829	p. 132	308	793
834	p. 121	219	251
835	p. 140	380	284
837	p. 141	381	286